高中英语单元主题下语篇解读策略研究

辜　晴◎主编

吉林人民出版社

图书在版编目（CIP）数据

高中英语单元主题下语篇解读策略研究 / 辜晴主编
. 一长春：吉林人民出版社，2023.8
ISBN 978-7-206-20389-3

Ⅰ.①高… Ⅱ.①辜… Ⅲ.①英语—阅读教学—教学
研究—高中 Ⅳ.①G633.412

中国国家版本馆CIP数据核字（2023）第186705号

高中英语单元主题下语篇解读策略研究

GAOZHONG YINGYU DANYUAN ZHUTI XIA YUPIAN JIEDU CELUE YANJIU

主　编：辜　晴　　　　　封面设计：李　娜
责任编辑：门雄甲
吉林人民出版社出版发行（长春市人民大街7548号　　邮政编码：130022）
印　　刷：北京政采印刷服务有限公司
开　　本：787mm×1092mm　　1/16
印　　张：14.25　　　　字　　数：230千字
标准书号：ISBN 978-7-206-20389-3
版　　次：2023年8月第1版　　印　　次：2023年8月第1次印刷
定　　价：58.00元

如发现印装质量问题，影响阅读，请与出版社联系调换。

目 录
CONTENTS

辜晴名师工作室

| 课题组 |

"高中英语单元主题下语篇解读策略研究"
课题研究报告

一、课题拟解决的具体问题及对问题的简要分析

2012年党的十八大明确指出，教育的根本目的是立德树人。2017年党的十九大再次提出要全面贯彻党的教育方针，落实立德树人根本任务，发展素质教育。2022年党的二十大强调落实立德树人根本任务，培养德智体美劳全面发展的社会主义建设者和接班人。

2014年教育部颁布的《教育部关于全面深化课程改革落实立德树人根本任务的意见》中明确提出了"核心素养"这一重要概念。这一文件的颁布，标志着改革开放以来，我国基础教育课程教学改革经历了从"双基目标"到"三维目标"再到"核心素养"三个阶段。教学目标从学科知识过渡到学科育人。

2017年教育部颁布的《普通高中英语课程标准（2017年版2020年修订）》（以下简称《新课标》），为高中英语教学指明了方向，《新课标》提出发展学生英语学科核心素养，旨在发展学生的语言能力、文化意识、思维品质和学习能力等。而课程内容是发展学生学科核心素养的基础，包含六个要素：主题语境、语篇类型、语言知识、文化知识、语言技能和学习策略。新课标指出所有学习活动应基于语篇来实施，要在主题语境范围下，以不同的语篇类型为依托，设计出不同层次的语篇解读活动，提高学生英语学科核心素养。

2019年颁布的《中国高考评价体系》则为教学实践提供了具体的考评细则。通过对比新课标和高考评价体系，课题组发现高考评价体系标准中明确指出试题会考查学生语篇理解能力、语言综合运用能力、思维品质和思维习惯。

同时，2022年四川省高中英语开始使用新版外研社教材且2025年参加高考的学生将面临高考新模式，而这套新版外研社教材强调了主题意义下语篇解读的重要性，突出主题和语篇的思想性。

总之，处理好新课标、新高考、新教材、教学之间的关系是提高学生核心素养的先决条件，本课题"高中英语单元主题下语篇解读策略的研究"顺应了时代的发展和课改的需求。

2020年彭州市高一学生在参加成都市高一期末调研考试英语学科部分题型得分（以贯彻语篇理解/综合运用部分的完形填空和阅读理解为例）情况如图1~2、表1所示。

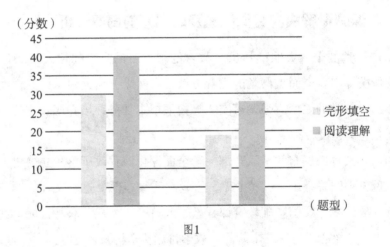

图1

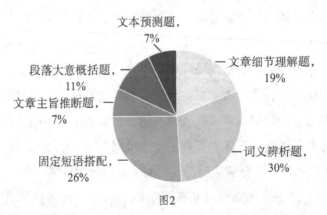

图2

表1

期中考试			年级	高一	考试时间	120分钟	卷面分值	150分	
考试范围						高中综合			
题号	题型	考试内容（知识点）	能力要求			分值	占总分值的百分比	占总分值的百分比	预计难度系数
			A（听）	B（读）	C（写）				
21	阅读理解	考查学生对说明文的理解。注重考查学生获取信息、处理信息的基本能力。		√		6	4.00%		0.5
22				√					0.6
23				√					0.5
24		考查学生对记叙文的理解。注重考查考生获取信息、分析处理信息的基本能力。		√		8	5.30%		0.5
25				√					0.6
26				√					0.6
27				√				26.00%	0.7
28		考查学生对说明文的理解。注重考查考生获取信息、分析处理信息的基本能力。		√		8	5.30%		0.6
29				√					0.6
30				√					0.8
31				√					0.6
32		考查学生对说明文的理解。注重考查考生获取信息、分析处理信息的基本能力。		√		8	5.30%		0.6
33				√					0.6
34				√					0.7
35				√					0.7

续表

题号	题型	考试内容（知识点）	能力要求 A（听）	能力要求 B（读）	能力要求 C（写）	分值	占总分值的百分比	占总分值的百分比	预计难度系数
41				√			1%		0.7
42				√			1%		0.6
43				√			1%		0.6
44				√			1%		0.8
45				√			1%		0.7
46				√			1%		0.7
47				√			1%		0.8
48		记叙文。考查学生根据上下文正确使用词语的综合能力。特别注重考查语篇上下文的整体理解，选择最佳、最合理的方案。		√			1%		0.6
49				√			1%		0.8
50	完形填空			√		30	1%	20%	0.7
51				√			1%		0.8
52				√			1%		0.8
53				√			1%		0.5
54				√			1%		0.6
55				√			1%		0.6
56				√			1%		0.6
57				√			1%		0.7
58				√			1%		0.6
59				√			1%		0.7
60				√			1%		0.6

通过观察分析以上图1～2、表1可知，近年来各级考试对学生在主题语境下对不同语篇的理解能力考查比重在不断上升。通过对学生阅读理解和完型填空的错题进行归因，课题组发现学生在阅读理解中的文章细节理解题、词义辨析题、固定短语搭配等类型题的得分明显高于文章主旨推断题、段落大意概括题、文本预测题等。由此可以看出，彭州市高中生的语篇解读意识淡薄，语篇解读能力薄弱。这意味着对学生的单元主题下语篇解读能力的培养势在必行。

同时，由表2、表3可知，2021年、2022年成都市高中英语教师教学赛课的重要考察指标之一便是语篇解读，其中明确指出教师需要从单元整体的角度解读文本，具备单元整体概念。由此可见，单元主题意义下语篇解读的能力在教师个人教学专业素养方面以及教师教学实践中十分重要。

表2

选手序号：　　　　　　　　说课内容：

评价维度	参考描述	分值	合计	得分
材料解读	能够从单元整体的角度解读文本，具有单元整体概念。	5	15	
	注重从语篇层面解读文本，能够准确理解文本的主题意义，把握文体特征、语言特点和作者的写作意图。	5		
	文本解读具有一定的个人独特见解且符合文本特点。	5		
学情分析	能够从学生的语言、思维等不同维度分析学生的当前水平。	5	10	
	所分析的内容具体，与文本结合紧密。	5		
教学目标	教学目标设定与文本解读内容紧密相关。	5	25	
	教学目标设定与学情吻合。	5		
	教学目标明确，可操作、可达成、可检测。	5		
	能够从学生预期学习效果的角度描述教学目标。	5		
	能够将语言、思维、文化和学习能力整合起来描述教学目标。	5		
教学流程	教学环节完整，各个部分时间分配恰当。	5	40	
	合理利用教材原有活动，活动有关联性、层次性和整体性。	5		
	教学活动设计注重发挥学生的主体性作用。	5		
	教学活动设计形式多样、组织有效，有助于教学目标的达成。	10		
	能够清晰地阐释教学活动内容、组织形式和活动目的三者之间的关系。	5		
	活动设计与教学材料的主要特点吻合，听、说及阅读课注重意义建构，将语言知识学习有机融入意义理解过程中，语法课关注形式—意义—功能三位一体，写作课突出过程指导及评价反馈的促学功能。	10		
整体效果	语言简练、逻辑性强、讲述清楚。	5	10	
	个人讲述与PPT互相配合，整体效果较好。	5		
总体评价		100	总分	

表3

选手序号：   说课内容：

评价维度	参考描述	分值	合计	得分
理论阐释	所选择的理论与"语言与思维融合发展"的主题契合。	5	10	
	理论阐释清楚、合理。	5		
材料解读	能够从单元整体的角度解读文本，具有单元整体概念。	5	15	
	注重从语篇层面解读文本，能够围绕语言和思维的融合发展挖掘文本内容。	5		
	文本解读具有一定的个人独特见解且符合文本特点。	5		
学情分析	能够从学生的语言、思维等不同维度分析学生当前水平。	5	10	
	所分析的内容具体，与文本结合紧密。	5		
教学目标	教学目标设定与文本解读内容紧密相关。	5	25	
	教学目标设定与学情吻合。	5		
	教学目标明确，可操作、可达成、可检测。	5		
	能够从学生预期学习效果的角度描述教学目标。	5		
	能够将语言、思维、文化和学习能力整合起来描述教学目标。	5		
活动设计	活动设计在所选择的理论框架指导下进行，能够依据不同课型特点体现语言与思维融合发展的理念。	5	30	
	活动环节完整，各个部分时间分配恰当。	5		
	合理利用教材原有活动，活动具有关联性、层次性和整体性。	5		
	教学活动设计注重发挥学生的主体性作用。	5		
	教学活动设计形式多样、组织有效，有助于教学目标的达成。	5		
	能够清晰地阐释教学活动内容、组织形式和活动目的三者之间的关系。	5		
整体效果	语言简练、逻辑性强、讲述清楚。	5	10	
	个人讲述与PPT互相配合，整体效果较好。	5		
总体评价		100	总分	

为进一步了彭州我市高中英语师生的语篇解读能力及存在的问题，课题组组织开展了彭州市高中英语师生语篇解读能力现状调查。结果显示，目前彭州市高中英语师生语篇解读存在以下问题。

（一）彭州市高中英语师生对语篇解读的意识淡薄

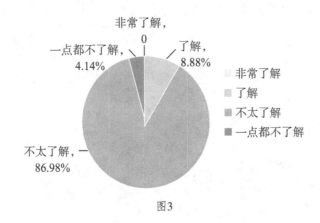

图3

图3显示，只有8.88%的教师和学生了解语篇解读，86.98%的教师和学生并不清楚什么是语篇解读，甚至还有4.14%的教师和学生完全不了解语篇解读。

（二）8.88%对语篇解读有意识的师生对单元主题下高中英语语篇解读模块内容认知不清晰

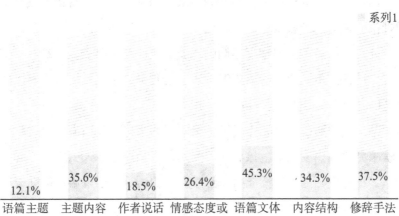

图4

根据图4可知，部分教师和学生并不清楚语篇解读的具体模块，对语篇主题、主题内容、内容结构的概念模糊，对语篇的情感态度、价值取向的渗透较少，教师缺乏对学生学习策略的培养和思维的训练，语篇教学大部分集中在语言知识的讲授。

（三）教师对语篇解读的具体操作路径不明及具体实施策略匮乏

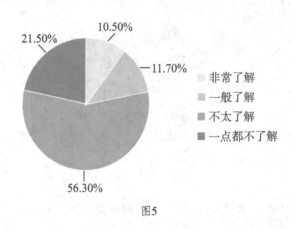

图5

根据图5可知，尽管绝大多数教师认为教学中进行语篇解读是必要的，但并不清楚如何探明单元主题与语篇解读的内涵和关系，如何梳理出单元主题下语篇模块内容及解读的维度和策略，如何通过课堂教学实践将单元主题下语篇解读的理论研究运用到教学中。本课题组认为课堂教学是语篇解读的最终落脚点，因此梳理出针对不同课型下不同的语篇模块的解读路径，通过教学实例提炼出具有广适性的不同课型的语篇解读表，达到提高学生英语语篇解读能力的目的，是提升学生英语学科素养的有效手段。

本课题组认为要落实单元主题下语篇解读的策略研究还需要通过学校学科教育教学来完成，以发展学生核心素养为切入点，以单元大主题下不同类型语篇为载体，提升教师语篇解读能力，形成有效的语篇解读策略，帮助老师们更从容地开展教育教学工作，提高教学水平，进而提升学生英语核心素养。具体框架如图6所示。

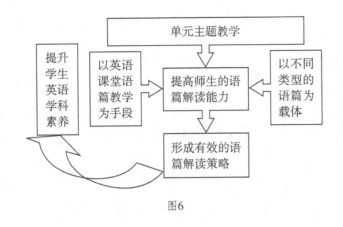

图6

二、课题的研究目标和内容

（一）研究目标

1. 构建高中英语单元主题下语篇解读的单元整体框架

《新课标》指出，单元主题为语言学习提供主题范围和主题语境，学生对主题意义的探究应该是学生学习语言的重要内容。单元主题意义是一个单元的灵魂，是整个单元设计的依据，因此，解读单元主题意义是解读该单元的首要任务。在主题意义统领下，再分析一个单元不同语篇的目标、功能、逻辑、结构、内容，最终建构起整个单元的整体解读框架体系，为后面推进不同课型不同语篇的具体解读奠定核心基础。

2. 明确高中英语单元主题语篇解读的模块内容

根据《新课标》，英语课程内容是提升学生英语学科核心素养的基础，包括五个要素：主题语境、语篇类型、语言知识、语言技能和学习策略。语篇是英语教学的基础资源。语篇赋予语言学习以主题、情境和内容，并以其特有的内在逻辑结构、文体特征和语言形式，组织和呈现信息，服务于主题意义的表达。因此，深入研读语篇、把握主题意义、挖掘文化价值、分析文体特征和语言特点及其与主题意义的关联，是教师落实英语学科核心素养目标、创设合理学习活动的重要前提。研读语篇就是读者对语篇的主题、内容、文体结构、语言特点、作者观点等进行深入的解读。所以，课题组基于以上要求进一步梳理出以下语篇解读的具体模块，如图7所示。

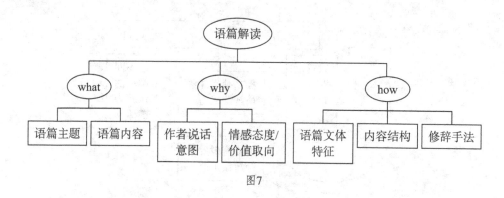

图7

语篇解读可以从语篇主题、语篇内容、作者说话意图、情感态度/价值取向、语篇文体特征、内容结构、修辞手法等维度开展。

3. 探索高中英语单元主题语篇解读的操作路径及方法

单元是承载主题意义的基本单位，有助于实现教学内容、结构、学习过程的完整性、持续性、发展性。新版外研教材遵循"理解—发展—实践"的原则，以"主题"为纲设计单元任务，整个单元按照阅读、听说、语法、写作四大板块编排。每个板块都以一种语言技能活动为主，兼顾其他技能的培养。每个单元不同板块都有多个语篇，语篇题材多样、体裁丰富，且每个板块语篇内容逐步加深、难度呈螺旋上升。学生可以通过与主题语篇的互动培养获取信息、处理信息、重构信息的能力，进而在此过程中发展逻辑思维、多元思维和批判性思维，达到提高英语核心素养的目的。因此，课题组认为，制定出基于阅读课、听说课、语法课、写作课的语篇解读的操作路径和方法对于提升高中生英语核心素养至关重要。在大量的调研、实践、反思、修订后，课题组提炼出四张语篇解读表，呈现四个课型上不同语篇的解读路径和方法，为彭州市高中英语教师语篇解读提供参考和借鉴。

4. 建立高中英语单元主题下语篇解读的教学实践示例及语篇解读课堂评价表

课堂教学实践是师生对单元主题下不同语篇解读的最终落脚点。在反复地研究实践后，课题组最终形成一套对于不同语篇类型分层的语篇解读模式，并分阶段形成以听说课、语法课、阅读课、写作课为课型的有主题意义的课程实践，并在彭州市各高中之间展示、分享、交流、相互学习。形成课程实践后，需要用评价标准来检测语篇解读的成效，所以在实践中课题组不断迭代完善课堂评价表，以更好地促进语篇解读的可操作性和有效性。

（二）研究内容

1. 高中英语单元主题下语篇解读的理论研究

课题组对高中英语单元主题和语篇解读的文献进行研究，深入分析两者的概念、特征、内涵及关联。探明单元主题和语篇解读的要素，为后期的研究提供理论依据。

2. 高中英语师生语篇解读现状及对策

通过开展对彭州市高中英语师生语篇解读的现状调查，研究影响高中英语师生语篇解读的因素和对策。

3. 高中英语单元主题语篇解读的单元整体框架及内容

厘清单元主题和单元整体解读框架体系是解读一个单元的前提和基础。课题组经过大量的研究提炼出单元整体解读表，呈现单元整体解读的维度、路径和方法。

4. 高中英语单元主题语篇解读的实施策略

基于单元主题和整体解读框架，研究语篇解读的模块内容，梳理外研版新教材中不同语篇的解读维度、路径和方法，提炼出听说课、阅读课、语法课、写作课的语篇解读表。

5. 高中英语单元主题语篇解读教学实践示例及语篇解读课堂评价表

分阶段形成听说课、阅读课、语法课、写作课中语篇解读的教学实践示例，在彭州市各高中之间展示、分享、交流、相互学习。在展示课上，听课老师通过语篇解读课堂评价表来评判师生语篇解读的有效性。

三、本阶段研究目标和内容

（一）本阶段研究目标

（1）完善听说课、阅读课两种课型的语篇解读表。

（2）构建写作课、语法课两种课型的语篇解读表。

（3）分享交流研究成果，转变彭州市高中英语教师在语篇解读上的传统观念，营造深度解读语篇的氛围，引领教师在语篇解读上更快速地发展。

（4）将彭州市深度解读语篇的高中教师从占比33.7%左右提高至54.3%左右。

（二）本阶段研究内容

（1）在前一阶段的研究基础上，课题组在彭州市6所高中内再次进行针对听说课和阅读课的语篇解读分析调查，评价授课教师在课堂上的语篇解读行为，观察学生在课上的语篇解读情况。同时，通过调查表和听课分析，了解师生在语篇解读中存在的问题，进一步探究影响高中师生在听说课和阅读课上语篇解读的因素和对策。

（2）对高中三个年级现行教材写作课、语法课解读模式开展专题研讨。经过大量调研、实践、反思、修订后，研究单元主题下写作课、语法课的语篇解读维度、操作路径及方法，并提炼这两种课型的语篇解读表和教学实践示例，供彭州市高中教师参考和借鉴。听课教师利用语篇解读课堂评价表来评判课上师生语篇解读的有效性，并为课题组迭代更新解读表和评价表提供意见和建议。

（3）每月定期开展课题组研讨活动，交流研究心得。根据研究进程中出现的新问题调整工作思路、整理研究资料、物化研究成果。

（4）对课题研究资料进行分析、加工和提炼，完成课题阶段评审报告，做好课题阶段评审准备工作。

四、本阶段研究开展情况

本阶段研究主要为实践研究阶段的第二部分。

（一）2021年11月至2022年4月

本阶段的研究工作重点：再次发放、分析彭州市高中英语教师、学生语篇解读现状的调查问卷表，进一步完善听说课和阅读课的语篇解读表。

本阶段拟解决的主要问题如下。

（1）通过第二次调查问卷结果，分析得出彭州市高中英语教师、学生在语篇解读中仍然存在的问题，完善听说课、阅读课的语篇解读表。

（2）通过调查表和听课分析得出师生在听说课、阅读课中仍然存在的问题，进一步完善听说课、阅读课的语篇解读表，为语法课和写作课的语篇解读做准备。

（3）深入听说课和阅读课课堂，进行听课并评价教师在课堂中语篇解读的授课行为，观察学生在课堂中的语篇解读的情况。

本阶段总体跨度6个月，先后进行了7次研讨活动，参加人员共计2100余人次。

2021年11月9日，彭州市辜晴名师工作室在彭州市白马中学开展彭州市高中英语优质课说课比赛。课题组成员颜瑜老师参赛的说课课题是Book 1 Unit 6 "At one with nature（Longji Rice Terraces）"［与大自然融为一体（龙脊梯田）］，并获一等奖。随后颜瑜老师代表彭州市参加了成都市2021年高中英语优质展评课，获现场课展示一等奖、说课特等奖。本次活动以说课为载体，深入解读新教材语篇，为课题组进一步完善听说课和阅读课的语篇解读表提供了实践依据，推动了课题的研究。

2021年12月3日，课题组在彭州中学、彭州一中、彭州石室白马中学、敖平中学和濛阳中学再次发放彭州市高中教师及学生调查问卷，第二次开展对彭州市高中三个年级师生的语篇解读现状调查并收集调查问卷数据。

2021年12月20日，彭州市辜晴名师工作室在彭州中学开展了一次课题研讨会。会上领衔人辜晴老师组织工作室成员分析本次彭州市高中教师及学生调查问卷数据，发现彭州市师生在听说课、阅读课中仍然存在问题。通过再次结合课题相关的研究，组织教师积极讨论，完善听说课、阅读课的语篇解读表，进而为语法课和写作课的语篇解读做准备。

2022年3月14日，课题组成员颜瑜代表成都市参加2022年四川省普通高中英语学科优质课展评活动。颜瑜老师以"基于问题序列培养思维品质——以An Encounter with Nature（与大自然的邂逅）为例"为课题展示了一节听说课。这次展评活动为课题组提供了丰富的听说课语篇解读的教学实践研究内容。

2022年3月31日，第八届彭州市辜晴名师工作室教研活动在彭州市教研室正式启动，在启动仪式上，辜晴老师就工作室的课题研究工作进行了详细说明，细致地讲解了研究过程中需要完成的任务，并与课题组成员协调、落实具体的分工及安排。课题组成员认真学习了本课题研究的相关资料，相互讨论，明确了各自在课题研究过程中的任务，推动了课题研究的进程。

2022年4月8日，彭州市辜晴名师工作室"高中英语单元主题下语篇解读教学策略研究"课题展示课活动在成都石室白马中学顺利开展。工作室成员付小芳老师展示的课题是Book 2 Unit 3 "A Game for the World"（一款面向全世界的游戏），课题组成员赵懿老师展示的课题为Unit 2 "Valuable Values"（变量值）。课题组成员还深入课堂进行听课，观察教师在课堂中语篇解读的授课行为和学生在课堂中的情况。本次展示课和课堂听课活动为课题研究提供了丰富的实践研究内容。

2022年4月19日，彭州市辜晴名师工作室在彭州市教育研究培训中心召开课题研讨会，课题组参会围读探讨课题"高中英语单元主题下语篇解读教学策略研究"，并积极参与四川省课题申报。研讨会期间，彭州市教育研究培训中心理论研究室王涛斌主任莅临指导，为工作室省级课题的申请提出了宝贵建议，为课题组后期研究指明了方向。

（二）2022年5月至2022年10月

本阶段的研究工作重点：梳理彭州市高中英语现行教材单元主题下语篇解读的单元整体框架。对高中三个年级现行教材语法课、写作课解读模式进行专题研讨。研究出单元主题语境下语法课、写作课语篇解读的操作路径及方法。开展高中英语语法课、写作课语篇解读的各类实践探索，如课堂实施教学实践、彭州市各类优质课竞赛等。

本阶段拟解决的主要问题如下。

（1）研究出高中英语单元主题下语法课、写作课的语篇解读维度。

（2）根据语篇解读的三个层次，即基于语篇、深入语篇和超越语篇，提炼出语法课、写作课的语篇解读表。形成高中英语语法课、写作课语篇解读的教学实践示例、评价标准及语篇解读评价表。

（3）课题研究资料的分析、加工和提炼，完成课题第二阶段评审报告，做好课题第二阶段评审准备工作。

本阶段总体跨度6个月，先后进行了9次研讨活动，共计1700余人次参加了本阶段活动。

2022年5月6日，彭州市高中英语外研版新教材语篇解读研讨会在彭州市嘉祥外国语学校顺利举行。在此次研讨会中，成都市高中英语教研员黄正翠老师做了以"教材解读与活动处理"为主题的讲座。黄正翠老师带领课题组成员一起梳理了高中英语外研版新教材单元主题下语篇解读的单元整体框架，同时就教材活动的参考处理方式进行了分享，并结合具体的教学课例进行详细的解释和说明。课题组老师对高中语法课、写作课解读模式进行专题研讨，同时就语法课与写作课语篇解读的维度与策略等话题向专家提问并交流。专家对于语法课与写作课语篇的解读给课题组老师带来了更为深刻的思考，并为语法课与写作课语篇解读的操作路径及方法提出了建设性意见。

之后，课题组先后开展5次研讨活动，重点研究高中英语单元主题下语法课、写作课上的语篇解读维度及评价标准。并根据该语篇解读维度形成语法课、写作课的语篇解读表，最终形成高中英语语法课、写作课语篇解读的教学实践示例及语篇解读评价表。

2022年5月15日，彭州市辜晴名师工作室课题展示课活动在彭州市敖平中学顺利开展，此次展示课旨在深化新教材语篇解读，促进青年教师专业素质和课堂教学水平的提高。展示课"Space：The Last Frontier 1"（太空：最后的边疆1），由敖平中学甘岑瑜老师担任授课。甘老师展示了写作课中的语篇解读，给课题组提供了丰富的写作课语篇解读的教学实践研究内容。

2022年5月20日，彭州市辜晴名师工作室课题展示课活动在敖平中学顺利开展，甘岑瑜老师为大家带来了一节以"Space：The Last Frontier 2"（太空：最后的边疆2）为基础的语法课展示课。本次活动有幸邀请到成都市高中英语中心组成员、石室中学（文庙）英语教研组组长涂鸣老师。涂老师不仅对本次展示课进行了精彩点评，充分肯定了本课题组教师对语篇主题意义的深入挖掘，还对语法课和写作课语篇解读维度进行了观点分享，这为课题组在语法课和写作课语篇解读研究提供了可操作、可借鉴的方法。

经过前期的研讨活动，课题组深入讨论语法课、写作课的语篇解读维度及评价标准。并根据该语篇解读维度与评价标准形成语法课、写作课的语篇解读表与语篇解读评价表。在接下来的研讨活动中，课题组主要以彭州市各类赛课或以赛代培等形式进行实践，以促进语法课、写作课的语篇解读表与语篇解读评价表的最终形成。

2022年6月1日，第十三届教改（教学）研讨会暨成都石室祥云网校第二届"祥云杯"线上课堂教学大赛在成都石室白马中学举行。课题组全体成员参加，工作室的领衔人辜晴老师受邀成为评委，本次大赛还邀请彭州市教育研培中心邓永红等六位专家到校指导工作。大赛上，工作室成员付小芳老师和另外十六位青年教师根据大赛提供的语法课和写作课语篇解读表先进行语篇解读，然后再进行课堂教学。本次活动为课题组在单元主题下语法课和写作课语篇解读研究提供了大量有效的经验。

2022年6月21日下午，彭州市辜晴名师工作室、王丽名师工作室携手四川省教科院高中英语教研员、分级群文阅读研究专家李兴勇老师，在彭州中学实验学校，举行了一场以"英语分级群文阅读"为主题的联合研讨活动。来自两个工作室的教师就初高中语法课和写作课语篇解读的操作路径和方法进行了深入研讨。

2022年8月15日，辜晴名师工作室全体成员参加彭州市级课题"提升高中生英语阅读能力的TGSFA语篇策略研究"的开题答辩活动。本次答辩活动在线上进行，由辜晴名师工作室成员孙文老师担任此次答辩汇报人。指导专家们对本课题给予充分的肯定。

在大量的实践探索研究后，课题组先后积极展开三次主题研讨活动，对课题研究资料进行分析、加工和提炼，并完成课题第二阶段的评审报告，为课题第二阶段评审做好准备工作。

2022年9月25日，彭州市辜晴名师工作室全体成员参加"高中英语单元主题下语篇解读策略研究"课题的线上研讨会和暑假读书阅读分享会。会议由课题负责人辜晴老师主持，首先，课题组成员袁媛、张婷、曾世娟等老师分享了自己的暑假阅读书目《"双新"背景下的中学英语语篇教学新探索》和《思维可视化与中学英语教学》。通过阅读和分享，课题组老师丰富了关于中学英语语篇教学的理论知识。之后课题组重点讨论了基于前期实践研究的语法课和写作课的语篇解读维度与评价标准，并根据该语篇解读维度与评价标准进一步修改和完善了语法课和写作课语篇解读表与语篇解读评价表。

2022年9月29日下午，课题组成员在彭州一中会议室召开课题中期研讨推进会。课题负责人辜晴老师先对课题研究的前期工作做了细致的点评和总结，并对后期课题研究工作提出具体要求和安排。市级骨干教师曾世娟、张婷、尹小莉等课题组老师分别汇报自己在课题研究工作中的成果。课题组就如何提炼单元主题主线、构建完整的单元意识展开激烈的讨论，针对语法课和写作课中语篇解读要求和路径进行了深入而全面的探讨，重点讨论了语法课和写作课的语篇解读维度与评价标准，并第三次修订语法课和写作课语篇解读表与语篇解读评价标准。

2022年10月27日下午，课题组成员在彭州市教育研究培训中心召开成都市课题第二阶段评审准备会。课题负责人辜晴带领工作室成员学习与课题相关的文件，细致地讲解研究过程中需要完成的任务，并与课题组成员协调、落实具体的分工及安排，为第二阶段评审做好准备。

五、课题阶段成果和效果

（一）认识性成果

1. 对新教材进行充分的语篇解读是对高中英语教师的基本要求和提高教学专业素养的重要途径

《新课标》指出，发展学生的英语学科核心素养是普通高中英语课程的具体目标，这是以人为本的教育理念在学科层面的重要体现。普通高中英语课程的育人价值是通过具体的语言学习过程逐步实现的。英语课程应该把对主题意义的探究视为教学的核心任务，并以此整合学习内容，引领学生语言能力、文化意识、思维品质和学习能力的融合发展。而单元是课程内容的有机组成部分，也是承载主题意义的基本单位。因此，基于探究主题意义的单元整体教学显得尤为重要。2022年，四川省进入新课改，学校所使用的外研版新教材遵循"理解—发展—实践"原则，以主题为纲设计单元任务，所有活动设计紧密围绕主题语境。然而，不少教师在引领学生进行文本阅读时，总拘泥于对文本的简单翻译或聚焦于词汇、语法的讲解，不重视引导学生挖掘文本的深层内涵，导致教师的教学和学生的阅读都脱离了文本。在阅读教学中，这样既不利于培养学生的英语学科核心素养，也有悖于基础教育阶段的英语课程任务。

因此，要提升英语学科核心素养，教师就要认真分析单元教学内容，梳理并概括与主题相关的语言知识、文化知识、语言技能和学习策略，并根据学生的实际水平和学习需求，确定教学重点、统筹安排教学，在教学活动中拓展主题意义。每个课时目标的设定都要为达成单元整体目标服务，有机整合课程内容六要素，并根据教学实际需要有所侧重，避免脱离主题意义或碎片化的呈现方式。学生要基于具体的主题及语篇，主动参与语言实践活动，运用各种学习策略，学习语篇呈现的语言和文化知识，分析、理解主题意义并使用所学语言进行思考、表达和交流，逐步发展语言能力、文化意识、思维品质和学习能力等英语学科核心素养。

2. 明确单元主题意义是对各课型语篇解读的前提和基础

单个语篇难以实现学科育人的目标，高中英语学科需要依托与单元主题相关的不同视角的多个语篇，帮助学生形成对单元主题的完整理解。在单元主题的统领下，以学生的认知发展水平为基础，单元内各语篇之间形成层层递进、不断深化的单元主题建构。基于主题意义探究的单元整体教学要以发展英语学科核心素养为宗旨，围绕主题语境整体设计学习活动。

基于主题意义探究的单元整体教学在外研版新教材内容和结构的安排上得到了很好的体现。在对教材进行解读时，课题组成员发现，单元内部五个板块（Starting Out—Understanding ideas—Using language—Developing ideas—Presenting ideas & Project）的内容是在主题意义的引领下依托不同的语篇，通过一系列听、说、读、写、看等语言技能活动，逐步拓展加深、螺旋上升，学生从语言层面、信息层面和思想层面上培养自身的思维品质。单元认知发展线索如图8所示。

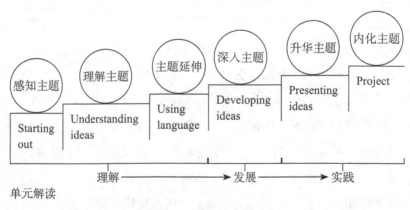

图8

因此，教师在教学设计时，应当以单元为单位，在充分理解教材单元主题意义的基础上设定单元教学目标，基于主题把单元五大板块联系起来并厘清不同板块的作用，有效整合教学内容，帮助学生能够基于主题/依托语篇，将语言知识、语言技能、文化知识、语言技能、学习策略的感知、理解、应用融入一系列体现综合性、关联性和实践性的英语学习活动之中，从而实现学生与文本之间基于主题意义的有效对话，将语言学习渗透在主题意义探究活动之中。

3. 在单元主题下，不同课型的语篇解读的路径和方式不同

根据《新课标》，语言技能分为理解性技能和表达性技能，具体包括听、说、读、看（viewing）、写等，学生基于语篇所开展的学习活动即是基于这些技能，理解语篇和对语篇做出回应的活动。外研版新教材的活动设计紧密围绕主题语境，通过具有层次性和递进性的语言技能活动，帮助学生掌握语言技能、构建完善的知识基础。每个单元的所有活动形成一个围绕单元主题意义探究符合学习者认知规律的活动链。每个活动都是下一个活动的铺垫，也是对上一个活动的深化和拓展。

课题组结合外研版新教材的单元五大板块内容，将听、说、读、看、写等各项技能和语言知识进行有效的整合并融入每个板块中，根据每个板块侧重的语言技能和语言知识，将高中英语课堂主要分为听说课、阅读课、语法课和写作课四种课型。本阶段，课题组对四种课型进行了解读模式和路径的探索，在课题组的研讨下发现四种课型在一条主题链上逐步升入为主题意义服务的同时还具有以下特点（见表4）。

表4

课型	主要特征	教学目标	基本教学步骤
听说课	以听说活动为主，培养学生表达能力（为理解单元主题服务）	1.培养听说技能，掌握有关的语言交际项目用语。 2.学习对话中的语言知识。 3.适当为阅读做些铺垫工作	1.引入 2.呈现对话内容 3.机械性操作（跟读、朗读等） 4.意义性及交际性操练 5.深度思考、思维培养 6.布置作业

续表

课型	主要特征	教学目标	基本教学步骤
阅读课	以阅读活动为主，同时渗透一些听、说、写的练习巩固课文学习（每个单元有两个阅读语篇分别为理解和表达单元主题服务）	1.读懂课文，获取信息。 2.学习文章中的语言知识。 3.训练并不断提高阅读技能	1.复习引入 2.默读课文，把握篇章信息分布及结构 3.阅读效果检测（问答、填表、复述、表演等） 4.交际性操练 5.语言知识的适度讲解 6.布置作业
语法课	学生关注语言的形式、意义及用法，突出语境，提升学生运用语法交际的能力（为理解单元主题服务）	1.能提炼语言结构。 2.从语篇中关注语法现象，归纳语法结构，理解语法功能	1.语篇引入 2.引导学生观察语法现象 3.半开放性操练 4.开发性操练 5.深度思考、思维培养 6.布置作业
写作课	以写作活动为主，同时渗透一些阅读、口头表达练习巩固课文学习（为表达单元主题服务）	1.读懂所仿写语篇的主题、文体、结构及语言特征。 2.在特定语境下，模仿运用。 3.在实际生活中结合所学实践运用	1.复习引入 2.学习模仿，把握篇章信息主题、文体及结构 3.半开放性操作 4.教师实际讲解，引导 5.布置作业

　　每个单元不同的课型侧重不同的语言技能，具有不同的课堂教学模式和不同的语篇解读方式，具体见表5。

表5

课型	解读层级	解读特征
听说课	基于语篇	（1）主题意义：设置语言场景、说话人物关系、话题背景、话题作用。 （2）听力策略：通过阅读主题图和题干预测听力内容，激活背景知识；听中抓住关键词；听后的推理。 （3）口语策略：口语输出应该在听力输入后。听录音跟读，有助于纠音。大声朗读有助于练习发音和形成语感。口语练习有助于培养学生开口说英语的勇气和自信

课型	解读层级	解读特征
听说课	深入语篇	（1）词汇学习：结合语境学习词汇，建立语境与语义之间的联系，促进理解，加深记忆。 （2）语言技能：理解性技能（教学活动结合语境教学词汇、短语及句型）
	超越语篇	（1）语言技能：表达性技能。（运用新学的词汇、短语及句型在主题情境下进行控制性口语输出） （2）高阶思维：培养学生在听力输入中的预测、推理、选择注意力（抓关键词）及简单处理信息的能力，重视语言综合运用能力的培养和文化内容的渗透
阅读课	基于语篇	（1）语篇要素：主题意义、语篇类型、主题语境、文本结构、语言特点。 （2）语言知识：语音、词汇、核心词汇、支撑延伸词汇、语法、语用。 （3）阅读策略：引导学生学会扫读、寻读、跳读、获取和整理信息、主旨大意的概括、细节的捕捉和赏析
	深入语篇	（1）语篇要素：作者分析、写作背景、文本内涵、写作意图、文化知识。 （2）词汇学习：关注上下文的语境和语法的使用。引导学生在多个示例后，能够在实际语境中使用。 （3）语言技能：理解性技能（即教学活动如何引导学生以旧促新，激活思维和新知）
	超越语篇	（1）语言技能：表达性技能及教学活动，引导学生在理解文章后进行由浅入深的表达、碰撞思维、反思、辩论等输出。 （2）高阶思维：培养学生在阅读后理解文章，对文章进行深度思考、总结、推测、挖掘背后的内涵和对文章的评价及应用
写作课	基于语篇	（1）语篇要素：主题意义、语篇类型、主题语境、文本结构、语言特点。 （2）语言知识：核心词汇、语法、语用。 （3）写作策略：通过阅读主题图和题干预测写作内容，激活背景知识、抓住关键词、语篇的衔接
	深入语篇	（1）语篇要素：分析语篇结构和逻辑，积累文本的亮点句式，为仿写做准备。 （2）词汇学习：积累文本的亮点词汇和短语，能在作文中使用。 （3）语言技能：表达性技能，完成写作任务阅读文本，完成选择题

续表

课型	解读层级	解读特征
写作课	超越语篇	（1）语言技能：表达性技能。（运用新学的词汇、短语及句型在主题情境下进行控制性写作输出） （2）高阶思维：培养学生在写作过程中的语篇构建，重视语言综合运用能力的培养和文化内容的渗透
语法课	基于语篇	（1）语篇要素：主题语境，真实的情境能点燃学生的学习热情，提高学生学习的主动性。 （2）语言知识：语法、语用。在语篇中感知与领悟相关语法结构和用法，为学习该语法奠定基础
	深入语篇	（1）语言知识：整合与内化该语法，总结语法构成和用法。 （2）语言技能：理解性技能（即教学活动如何引导学生以旧促新，激活思维和新知）
	超越语篇	（1）语言技能：表达性技能及教学活动，设计语言运用情境，让学生学以致用，以交际促进其语言的发展。 （2）高阶思维：通过对中英文对应语法的比较理解语言上的文化差异

4. 教师对教材语篇充分解读可以提高学生在新课标六要素指导下的学习水平，提高学生思考能力、解码能力、解读能力和语言感知力

《新课标》提倡英语教师在教学中对于六要素（主题、语篇、语言知识、语言技能、文化知识、学习策略）整合的课程内容重点把握，所以课题组将针对外研版新教材，以整个单元的主题为着眼点，研究教材中每个单元里不同的语篇类型。教师应如何帮助学生理解语篇的丰富内涵，围绕单元主题意义整合语言知识的学习、语言技能的发展、文化意识的形成、思维品质的提升和学习策略的运用。教师在充分解读语篇过程中，也要让学生参与其中，学生是主体，要在解读的过程中训练学生的思维。同时，教师要尊重学生解读的个体差异性，鼓励学生积极解读；扩充学生原有的知识储备，以提高学生思考能力和解码能力。学生在教师的引导下能够独立思考，进行表征语篇解读、结构语篇解读、细节语篇解读、脉络语篇解读和立体式解读，这样学生能深入感知语篇的形美和神美，同时也可以提高学生的文本语篇解读能力，从而提高其语篇感知能力和语言能力。

5. 听说课、阅读课、语法课、写作课等课程模式的形成需要以课堂实践和反复研讨为资源

在形成听说课、阅读课、语法课、写作课的解读模式时，不能局限于前人的文本研究而闭门造车，还应该基于课题组第一阶段的研究，在课题研究区域进行大量的调研、实践、反思、修正，构建出针对不同课型的有效教学框架。

课题组在研究期间，在彭州中学、彭州一中、石室白马中学、敖平中学、濛阳中学、彭州嘉祥外国语学校（高中部）经大量调研、实践、反思、修订后，初步形成具有单元主题意义的听说课、阅读课、语法课和写作课的课型模式，并在彭州市各高中之间展示、分享、交流、相互学习。

6. 做好科学的顶层设计是高质量语篇解读的保证

顶层设计是运用系统论的方法，从全局的角度对某项任务或者某个项目的各方面、各层次、各要素统筹规划，以集中有效资源，高效实现目标。课题组研究的其中一个目标就是如何集行政、科研、学校、教师、学生为一体，自上而下，共同参与。

做好顶层设计需要解决三个问题：第一，行政部门如何制定相应的政策，发布相应的课程标准，支持鼓励广大教师实施教学，建立教师和学生坚持的长效机制，提高教师对语篇解读的重视度，加速语篇解读在各高中学校推广和实践。第二，教育科研部门如何具体指导学校做好语篇解读的培训学习、科研及推广。第三，学校教师如何提高教材解读能力，进而提升自身的英语教学能力，提高学生的学科综合素养和语言能力。

在本阶段的课题研究过程中，理论和顶层设计取得以下进展。

（1）语篇解读的认识得到深化。通过对教材中的不同语篇进行总结和归类，教师能更好地把握教材，即教师对语篇解读的维度、方法、路径、策略有更深入的了解。学生在日常学习中，通过教师引领、示范和语篇解读相关的思维训练，习得语篇解读的维度、方法、策略等，增强对语篇解读的认识。

（2）语篇解读的速度和准确性有所提高。在教学设计时，教师能更快速地关注到课型特点以及教材中语篇的特点，采用合适的解读方法和策略对"文本"进行更深入的探索和研究，以达到教学内容多元化和全面化的效果，最终使教师实现不同阶段教学效果的能力得到提升。

在面对新语篇时，学生能快速而准确地提取语篇的话题内容、语言知识、体裁结构，解读出语篇的主题意义、文化背景、情感态度，形成自己独特的见解和观点。因此，学生的语篇解读速度和准确性在日常学习的熏陶和磨砺中会得以相应的提高。

（3）语篇解读的迁移能力得到强化。现有的高考对于语篇解读能力的考查日益增多，学生语篇解读能力提高后，进一步达到英语新课标中对学生的主题语境、语篇类型、语言知识、文化知识、语言技能和学习策略能力的要求，学生的语篇解读能力在考试语篇中得以正迁移，在反复训练中得以强化，学生的考试成绩必然会得以提升。

（二）操作性成果

1. 确立了本课题的总目标对本研究进行方向性的指导

课题组针对学生和教师对语篇的理解等问题发放了第二次问卷调查表，经认真分析收回的问卷，再次确定了提高中学英语语篇解读能力的目标。

（1）构建单元主题下高中英语语篇解读的单元整体框架。

（2）明确单元主题下高中英语语篇解读的模块内容。

（3）形成单元主题下高中英语语篇解读的操作路径及方法。

（4）建立单元主题下高中英语语篇解读教学实践示例及评价标准。

2. 完善了高中英语语篇解读体系构建

工作室在整个课题的实践过程中，一直秉承为国家培养具有国际视野的新时代学生的指导思想，以提升学生的学科素养和语言能力为基本原则，围绕高中英语语篇解读这一核心，在课标课程六要素的基础上，再次整合了语言知识学习、语言技能发展、文化意识形成、思维品质提升和学习策略运用等核心要素，完善了语篇解读基本模态，补充了单元整体意识，依旧根据语篇解读的四个实践导向，聚焦学生和文本本身，基于语篇背景知识的整合，将"看"这一能力与传统听说读写能力进行整合，针对学生特点、不同语篇特点，在课前预设解读方向，增加课中基于问题导向的层层深入解读，增加课后反思总结，提炼解读要点，进而反思、内化、提升，最终实现不同语篇的有效解读。具体如图9所示。

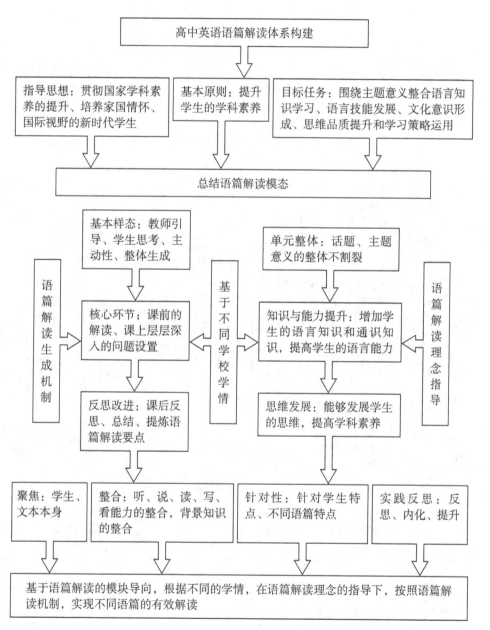

图9

完善后见图10。

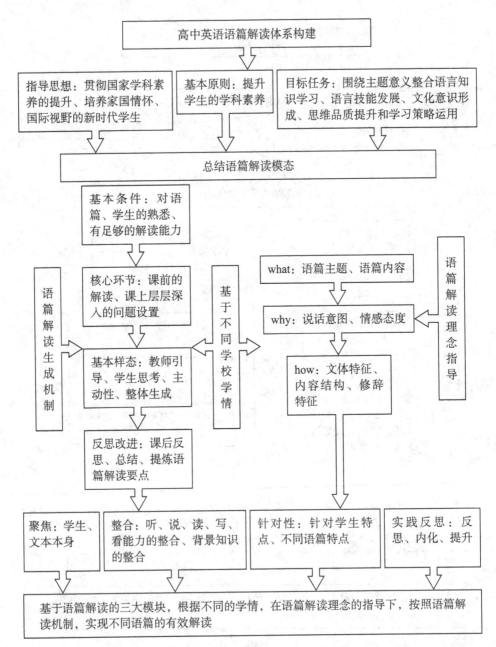

图10

3. 形成了多课型课程建设研究的基本路径

针对现行高中教材中每个单元中不同的语篇类型，教师应如何更好地帮助学生理解语篇的丰富内涵，围绕主题意义整合语言知识学习、语言技能发展、文化意识形成、思维品质提升和学习策略运用。除了对彭州各高中现有情况再次进行问卷测试进行前后对比，课题组成员还完善了听说课、阅读课等课型的语篇解读表。而此表的完善与修订不是一蹴而就的，从最初的简单三维闭环结构到最终形成较完善的多维版本，这期间经历了多次学习、分析、实践和反思。

三维闭环图如图11所示。

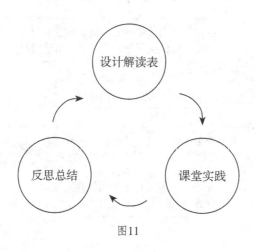

图11

多维闭环图如图12所示。

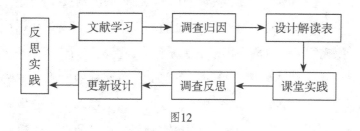

图12

4. 确定了高中英语语篇单元主题框架解读的操作路径

在整个课题的实践过程中，课题组对高中英语语篇解读的具体路径和操作方法进行多次探讨、实践、反思、修正、再实践、再反思，最终得出以单元主题发展线索为方向，课时先后顺序的操作路径流程图，具体如图13所示。

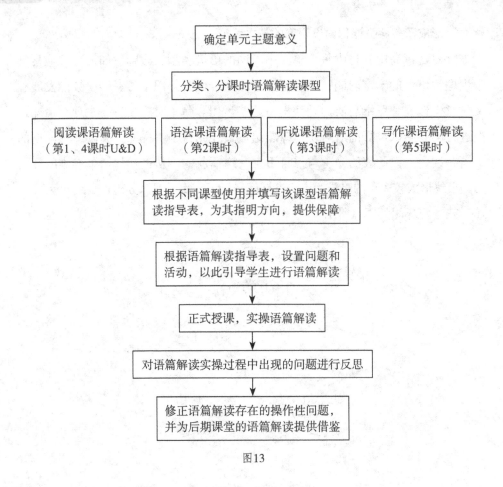

图13

5. 完善了单元主题下语篇解读单元整体框架表

本课题组一直认为，语篇解读应在单元话题的大前提下进行，且单元话题将为语篇解读和该单元学习提供聚焦性的语言知识范畴及话题语境。因此，本课题组在研究的第一阶段得出以下单元整体解读表，为分课型解读提供大方向性的指导。单元整体解读表分为以下部分：单元标题、确认主题语境、确认主题群、分析主题语境和主题内容、分析单元主题指向核心素养的培养方向、单元板块剖析、语篇话题简析。如表6所示，以外研社新版教材"Make a difference"单元为例。

表6

单元标题	主题语境	主题群	主题语境内容	指向核心素养	单元板块	语篇话题
Make a difference	人与自我	做人与做事	对社会有突出贡献的人物慈善日、志愿者服务活动	引导学生认同助人为乐的优秀品行 培养学生承担社会责任的意识 树立热心公益事业、积极从事志愿服务的人生态度，并积极承担志愿者工作，帮助需要帮助的人	Starting out	两个慈善日 三位对社会有贡献的人物
					Understanding ideas	小小善举改变世界成就自我
					Using language	人物品质 志愿者组织 志愿者咨询
					Developing ideas & writing	杰出人物的一生
					Presenting ideas	评选年度人物
					Project	调查身边的志愿者组织 成立志愿团队

课题组在经过多次讨论打磨后，认为单元整体解读表还应该包含话题联想（认知）线索分析，并增加了语篇形态、语篇文体和语篇内容细目表，如表7和表8所示（依然以外研社新版教材"Make a difference"单元为例）。

表7

单元标题	主题语境	主题群	主题语境内容	指向核心素养	单元板块	语篇话题	话题联想（认知）线索
Make a difference	人与自我	做人与做事	对社会有突出贡献的人物慈善日、志愿者服务活动	引导学生认同助人为乐的优秀品行	Starting out	两个慈善日 三位对社会有贡献的人物	引入话题 善言善举善人

续表

单元标题	主题语境	主题群	主题语境内容	指向核心素养	单元板块	语篇话题	话题联想（认知）线索
Make a difference	人与自我	做人与做事	对社会有突出贡献的人物慈善日、志愿者服务活动	培养学生承担社会责任的意识 树立热心公益事业、积极从事志愿服务的人生态度，并积极承担志愿者工作，帮助需要帮助的人	Understanding ideas	小小善举改变世界成就自我	学习他人从小事做成大事 初步形成参与公益事业的意识
					Using language	人物品质 志愿者组织 志愿者咨询	了解更多公益组织 思考如何帮助有需要的人
					Developing ideas&writing	杰出人物的一生	学习世界和平和人类正义的话题 了解善行对人类的贡献 增加学生对行善之举的崇敬之情 重新认识生命的意义与价值
					Presenting ideas	评选年度人物	
					Project	调查身边的志愿者组织 成立志愿团队	关注社会从自身做起，从而make a difference

表8

	语篇出处	语篇形态	语篇文体	语篇内容
理解环节	Starting out	视频	口头介绍（说明文）	介绍两个慈善日和三位对社会有贡献人物的话
		图文	引语	
	Understanding ideas	图文	特稿写作	Ryan的小小善举改变世界成就自我

		语篇出处	语篇形态	语篇文体	语篇内容
理解环节	Using language	-ed as attributive	图文	说明文	志愿者组织UNICEF
		Personal qualities	图文对话	介绍说明文	不同人物品质
		To be a volunteer	图文对话	说明文	国内外志愿者组织 志愿者咨询
发展环节	Developing ideas		图文	人物传记	Nicholas Winton介绍及他解救 犹太儿童的故事
	Writing		图文	人物传记	屠呦呦介绍
单元表达 与项目 完成	Presenting ideas		图文	说明文	评选年度人物
	Project		图文	介绍说明文	调查身边的志愿者组织成立自 己的志愿团队

6. 完善了以语篇解读为依托的听说课和阅读课的课型框架

针对现行高中教材中每个单元中不同的语篇类型，教师应如何帮助学生理解语篇的丰富内涵，围绕主题意义整合语言知识学习、语言技能发展、文化意识形成、思维品质提升和学习策略运用。除对彭州各高中现有情况进行问卷再次测试以外，本课题组成员还修订完善了听说课和阅读课的语篇解读指导表。修订后的解读指导表突出了各部分之间的逻辑说明。同时，针对外研版新教材每个单元两个阅读主语篇（Understanding idea和Developing idea）的不同功能将阅读课语篇解读指导表进行了分类。而且，所有指导表都增加了教师反思栏和解读要求说明。

研究第一阶段各表情况如下。

（1）听说课语篇解读指导表及各部分具体填写指导（见表9）。

表9

语篇要素	主题意义	设置话题情境，导入单元话题
	主要内容	主题情境呈现，听力输入（目标语言，单元话题）及控制性口语输出
	设计意图	为听力输入设置主题情境，从而导入单元话题
	主题图	主题情境呈现

续表

语篇要素	听力话题	目标语言呈现		
			主题意义 词汇	核心词汇、短语及句型： 支撑延伸词汇
			语法	主要语法：
			语用	用在何种话题：
		语言 技能	理解性技能、教学活动	结合语境教学词汇、短语及句型
			表达性技能、教学活动	运用新学的词汇、短语及句型在主题情境下进行控制性口语输出
	学习策略	词汇学习：结合语境学习词汇，建立语境与语义之间的联系，促进理解，加深记忆。 听力策略：通过阅读主题图文和题干预测听力内容，激活背景知识；听中抓住关键词；听后的推理能力。 口语策略：口语输出应该在听力输入后。根据班情可以多次播放录音，关注主题词汇与表达。运用听力材料中的核心词汇，在控制性情景中去模仿运用。口语练习还有助于培养学生开口说英语的勇气和自信		
	高阶思维	培养学生在听力输入中的预测、推理、选择注意力（抓关键词）及简单处理信息的能力，重视语言综合运用能力的培养和文化内容的渗透		
	文化意识	教材既介绍了英语国家文化，也介绍了我国的民族文化，同时还介绍了其他非英语国家的文化，学生通过英语学习扩大视野、了解世界文化的多元性，形成开放、包容的心态，并培养了跨文化交际能力		
	情感态度	注重对学生品格的培养，力求帮助学生形成正确的人生观和价值观		

（2）阅读课语篇解读指导表及各部分具体填写指导见表10。

表10

语篇要素	主题意义			
	主要内容			
	写作意图			
	文本结构	（文字和图表皆可）		
	语言特点			
教学目标	语言能力	语言 知识	语音	

续表

教学目标	语言能力	语言知识	主题意义词汇	核心词汇： 支撑延伸词汇：
			语法	
			语用	
		语言技能	理解性技能及教学活动	如何引导学生以旧促新、激活思维和新知：
			表达性技能及教学活动	如何引导学生在理解文章后由浅入深地表达、碰撞思维、反思、辩论等输出：
	学习策略			
	高阶思维			
	文化意识			
	情感态度			

研究中期完善修订后各表情况如下。

（1）听说课语篇解读指导表及各部分具体填写指导见表11。

表11

语篇要素	主题意义			设置话题情境，导入单元话题
	主要内容			主题情境呈现，听力输入（目标语言，单元话题）及控制性口语输出
	设计意图			为听力输入设置主题情境，从而导入单元话题
	主题图文			主题情境呈现
	听力话题			目标语言呈现
教学目标	语言能力	语言知识	语音	主要需要突破的词汇音标：
			主题意义词汇	核心词汇、短语及句型： 支撑延伸词汇：
			语法	主要语法：
			语用	用在何种话题：
		语言技能	理解性技能及教学活动	结合语境教学词汇、短语及句型
			表达性技能及教学活动	运用新学的词汇、短语及句型在主题情境下进行控制性口语输出
	学习策略			词汇学习：结合语境学习词汇，建立语境与语义之间的联系，促进理解，加深记忆

教学目标	学习策略	听力策略：通过阅读主题图文和题干预测听力内容，激活背景知识；听中抓住关键词；听后的推理能力。 口语策略：口语输出应该在听力输入后。根据班情可以多次播放录音，关注主题词汇与表达。运用听力材料中的核心词汇，在控制性情景中去模仿运用，同时也锻炼迁移与创新能力。口语练习还有助于培养学生开口说英语的勇气和自信	
	高阶思维	培养学生在听力输入中的预测、推理、选择注意力（抓关键词）及简单处理信息的能力，重视语言综合运用能力的培养和文化内容的渗透	
	文化意识	教材既介绍了英语国家文化，也介绍我国的民族文化，同时还介绍了其他非英语国家的文化，学生通过英语学习扩大视野、了解世界文化的多元性，形成开放、包容的心态，并培养了跨文化交际能力	
	情感态度	注重对学生品格的培养，力求帮助学生形成正确的人生观和价值观	
各部分作用	D （Did you know）	主题图文为本单元目标语言提供了一个主题情境，激活背景和文化知识	D、L1、W、L2的联系：D的主题图文为L1提供了语言情境，L1的听力输入为W的控制性口语输出提供了基础词汇和结构，W的口语运用与创新为L2的学习策略与思维迁移提供了情境感知
	L1 （Listening）	听力输入让学生初步感知本单元目标语言	
	W （Work in pairs）	在听力输入基础上的控制性口语输出	
	L2 （Listening to learn）	在口语输出基础上补充单元主题相关学习策略	

除了上述，您觉得还应该从哪些方面来深入解析本节课：
请独立在课本上用不同颜色的笔书写、勾画、总结、分析文本

（2）阅读课（Understanding ideas）语篇解读指导表及各部分具体填写指导见表12。

表12

语篇要素	主题意义	
	主要内容	
	写作意图	

续表

语篇要素	文本结构	（文字和图表皆可）	
	语言特点		
		主题意义 词汇	核心词汇： 支撑延伸词汇：
		语法	
		语用	
		语言 技能	理解性技能及教学 活动	如何引导学生以旧促新、激活 思维和新知：
			表达性技能及教学 活动	如何引导学生在理解文章后由 浅入深地表达、碰撞思维、反 思、辩论等输出：
	学习策略		
	高阶思维		
	文化意识		
	情感态度		
各部分 作用	S（starting out）	视频、图文和问题序列初 步导入主题	S与U的联系：S的主题图文为U 提供主题情境，激活已有语言、 背景知识、激发话题兴趣。
	U （understanding ideas）	Activity 1：提前收悉话 题，了解课文主题 Activity 2：理解课文内 容，明白作者写作目的 Activity 3（the rest part）： 检验—梳理—整合课文内 容，加深对课文主旨和主 题语境的理解 Think and share：深入 理解，联系自身实际， 实现知识和思维能力的 迁移	U内部活动联系：A1多种形式问 题为A2提供语言情境，A2阅读 输出为A3提供基础词汇和细节 信息，A3对课文的理解与整合 为T&S的思维拓展提供了迁移平 台，T&S为本单元后续任务做铺 垫
除了上述，您觉得还应该从哪些方面来深入解析本节课：			
请独立在课本上用不同颜色的笔书写、勾画、总结、分析文本			

（3）阅读课（Developing ideas）语篇解读指导表及各部分具体填写指导见表13。

表13

<table>
<tr><td rowspan="7">语篇要素</td><td colspan="2" rowspan="2">主题意义</td><td colspan="2">学生已有的认知：</td></tr>
<tr><td colspan="2">学生需要发展的认知：</td></tr>
<tr><td colspan="2">主要内容</td><td colspan="2"></td></tr>
<tr><td colspan="2">写作意图</td><td colspan="2"></td></tr>
<tr><td colspan="2">文本结构</td><td colspan="2">文字和图表皆可：</td></tr>
<tr><td colspan="2">语言特点</td><td colspan="2"></td></tr>
<tr><td></td><td></td><td></td><td></td></tr>
</table>

<table>
<tr><td rowspan="5"></td><td rowspan="3"></td><td>主题意义
词汇</td><td>核心词汇
支撑延伸词汇</td></tr>
<tr><td>语法</td><td></td></tr>
<tr><td>语用</td><td></td></tr>
<tr><td rowspan="2">语言
技能</td><td>理解性技能及教学活动</td><td>如何引导学生以旧促新、激活语言在思维层面的内化：</td></tr>
<tr><td>表达性技能及教学活动</td><td>如何引导学生在理解文章后由浅入深地表达、碰撞思维、反思、辩论等输出：</td></tr>
</table>

<table>
<tr><td>学习策略</td><td></td></tr>
<tr><td>高阶思维</td><td></td></tr>
<tr><td>文化意识</td><td></td></tr>
<tr><td>情感态度</td><td></td></tr>
</table>

<table>
<tr><td rowspan="3">各部分
作用</td><td>Activity 1</td><td>主题图文为目标语言提供了主题语境</td><td rowspan="3">A1、A2和A3的联系：A1的主题图文为A2提供了语言情境，A2的主题问题思考为A3的思维输出提供了基础内容与词汇</td></tr>
<tr><td>Activity 2</td><td>从不同角度呈现单元主题，提出基于文本的问题序列</td></tr>
<tr><td>Activity 3</td><td>发展学生的逻辑、批判、创新等思维品质</td></tr>
<tr><td colspan="4">除了上述，您觉得还应该从哪些方面来深入解析本节课：</td></tr>
<tr><td colspan="4">请独立在课本上用不同颜色的笔书写、勾画、总结、分析文本</td></tr>
</table>

7. 构建了以语篇解读为依托的语法课和写作课的课型框架

本课题组依旧针对现行高中教材中每个单元中不同的语篇类型，思考教师应如何帮助学生理解语篇的丰富内涵，并围绕主题意义如何去整合语言知识学习、语言技能发展、文化意识形成、思维品质提升和学习策略运用等方面的问题，初步设计出语法课和写作课的语篇解读指导表。

（1）语法课语篇解读指导表及各部分具体填写指导见表14。

表14

学情分析			
教材分析	Grammar		
	Activity 1	form	
	Activity 2	meaning	
	Activity 3	use	
	运用于生活		
教学目标	知识	词汇	
		语法	
	技能	观察	
		分类	
		归纳	
		总结	
	情感态度		
教学重点			
教学难点			
教学过程			
作业设计	全做		
	选做		
教学反思			
除了上述，您觉得还应该从哪些方面来深入解析本节课：			
请独立在课本上用不同颜色的笔书写、勾画、总结、分析文本			

39

（2）写作课语篇解读指导表及各部分具体填写指导见表15。

表15

语篇要素	主题意义			
	作文文体			
	作文意图			
	作文结构		大纲或思维导图：	
教学目标	语言能力	语言知识	主题意义词汇	会用到的核心词汇： 支撑延伸词汇：
			语法语用	优美和易错表达：
		语言技能	理解性技能及教学活动	如何引导学生以旧促新、激活思维和新知：
			表达性技能及教学活动	如何引导学生由浅入深地表达、碰撞思维、反思、书写、互评、改进：
	学习策略			
	高阶思维			
	文化意识			
	情感态度			
各部分作用	Developing ideas或本单元旧知			三者的联系：D的主题文本为A1提供了语言情境，A1的文本范式为A2的控制性写作输出提供了词汇与结构
	Activity 1主题写作文本范式			
	Activity 2控制性写作输出			
除了上述，您觉得还应该从哪些方面来深入解析本节课：				
请独立在课本上用不同颜色的笔书写、勾画、总结、分析文本				

（三）物化成果

两年来课题组积极进取，通过对彭州中学、彭州一中、成都石室白马中学、敖平中学、濛阳中学、彭州嘉祥外国语学校（高中部）等学校大量地调研、实践、反思、修订后，最终形成围绕语篇解读的听说课、阅读课、写作课、语法课四种课型的备课本、案例集、赛课考察表、课件集、视频集等一系列物化成果。并在彭州市各高中之间展示、分享、交流、相互学习，推动了彭州市高中英语教学改革的深入发展。物化成果表见表16。

表16

序号	成果名称	成果形式
1	四种课型语篇解读备课指导卡	资源库
2	四种课型的案例集	典型课堂案例
3	语篇解读评价表	资源库
4	单元主题下语篇解读单元整体框架表	资源库
5	语篇解读能力现状调查表	资源库
6	四种课型的教学课件集	典型课堂案例

（四）研究取得的成果

1. 益于学生

开展高中英语单元主题下语篇解读策略研究以来，彭州市各高中主研和参研人员充分把课题的理论运用到教学实践中，尤其是在听说课、阅读课、语法课和写作课中，教师将四种课型的备课表和语篇解读评价表积极运用在课堂教学之中，让学生能够在教师潜移默化地影响下，对四种课型语篇进行解读，逐渐提升对各单元语篇进行自主整合与提炼的意识，通过绘制语篇解读的思维导图，形成完整的知识体系和独立的见解。学习变成从语言知识的学习与归纳过渡到思维训练与提升，基于此，学生的学习也进入良性循环。

以彭州市敖平中学高2019级3班为例。该班入学初始英语成绩（中考成绩）班级平均分为77.06分，学生在听力、阅读、语法、写作等方面的能力薄弱。在课堂教学过程中，教师通过对教材语篇的解读为学生做引领示范，培养学生的语篇解读意识，2019～2020下学年成都市期末调研考试中，英语成绩班级平均分为88.5分。学生英语成绩虽较入学成绩有所提升，但进步空间还很大。2020～2021学年，老师继续引领学生在学习教材各单元语篇过程中，对语篇进行自主整合和提炼，通过单元主题下语篇解读单元整体框架表，绘制语篇解读的思维导图，让学生更清晰、直观地形成单元完整的知识体系，并形成自己的独立见解。2020～2021学年尤其重视通过听说课和阅读课的语篇解读表，培养学生在听力、阅读板块进行语篇解读的能力，2020～2021学年下学期成都市摸底考试中，英语成绩班级平均分为98.5分，其中听力平均分为24.89分，阅读平均分为32.4分，较入学成绩有了显著提升。2021～2022学年，老师继续引领全班学生在不同课型的课堂上对语篇进行多角度、多层次的解读，促进不同学情学生思维的培养和发展。该学年尤其重视通过语法课和写作课的语篇解读表，对学生在语法和写作部分的语篇解读能力进行培养。在循序渐进和潜移默化的影响下，学生的学习从语言知识的学习与归纳逐渐过渡到思维训练和提升，且进入良性循环。在2022年高考中，2019级3班英语成绩取得班级平均分为117.8分的好成绩，其中语法填空平均分为11.9分，短文改错平均分为7.3分，写作平均分为19.6分。实现了高中英语课程标准中对学生在主题语境、语篇类型、语言知识、文化知识、语言技能和学习策略方面的培养要求，为学生的后期发展和终身学习奠定了基础。

2022年9月由课题组颜瑜老师指导的尹孙玥同学在"用英语讲好中国故事"爱国主义主题展示活动中，获高中段一等奖。

2. 益于教师

（1）以课题研究为抓手，区域学校教师对语篇解读的认识有所提高。

课题组开展研究以来，彭州市各高中的主研及参研教师在课堂教学过程中从最初的语篇解读意识薄弱，到现在能积极主动地将语篇解读的策略运用于各个课型，积极思考在各类课型的教学过程中语篇解读教学所遇到的问题，进而完善教学方法。教师已经能做到从语篇出发，基于语篇，了解主题意义及学习策略；深入语篇，学习词汇及语言技能；超越语篇，培养学生的高阶思维。绝大多数老师已初步具备对语篇解读的三个层次的认识。

（2）促进教师语篇解读能力的提升。

课题通过对教材的更深一步研究，根据主题语境、主题群、主题语境内容及核心素养指向，先对单元整体进行解读和把握，再将不同的单元板块对应到不同的语篇话题和话题联想（认知）线索，旨在整个单元教学中，通过不同的课型、不同的课堂练习重点，让学生多方面、多角度、多维度地进行学习，形成总体解读—拆解实施—汇总提升的完整教学环节。在对单元中各种课型之间的联系及各种课型文本设置的特点进行分析、总结和归类之后，现阶段课题组进一步完善了听说课、阅读课课型的语篇解读表，形成了写作课、语法课课型的语篇解读表，提供给彭州市内的高中英语教师参考使用。在研究过程中，除了从不同的角度进行语篇解读，课题组也关注对语篇的深度剖析。从语篇出发，基于语篇，了解主题意义及学习策略；深入语篇，学习词汇及语言技能；超越语篇，培养学生的高阶思维。教师们已初步具备对语篇解读的三个层次的认识，但在具体操作中还需要更多的专业指导。

基于语篇解读的教学策略，辜晴老师指导颜瑜老师在2021年11月"成都市高中优质课展评活动"中获得说课比赛特等奖，在"成都市高中优质课展评活动"中获得现场展示一等奖，2022年10月在"四川省2022年普通高中英语学科优质课展评活动"中获得一等奖；指导曾诚老师在"2022年成都市英语'悦读'教学优秀课例评选活动"中获一等奖；指导甘岑瑜老师在"2022年成都市党建专题研讨活动"中担任示范课任务；指导岳娟老师在"2022年成都市双新背景下高中英语'一书一课'优质课展评说课展示"中获二等奖。袁媛老师指导付小芳老师获2022年彭州市优质课赛课一等奖，指导杨虹老师获彭州市优质课赛课二等奖。张婷老师指导李天菊老师获2022年彭州市优质课赛课二等奖。

（3）促进教师的专业化发展。

精心挑选和培养课题研究能手，培养具有研究能力的教师，促进教师专业化发展。从课题的设计到具体实施，教师是最关键的要素。相比成都城区教师，彭州市英语教师在理论知识学习方面意识淡薄，也缺乏专业的培训引领。工作室借助课题为教师们提供学习培训机会，提供交流平台，帮助教师提高语篇解读意识和能力，缩小城乡教育差距。

在课题进行过程中，课题组成员教师在论文、指导教师参赛、课堂教学比赛中分获成都市、彭州市不同级别的多个奖项，比之课题前，在数量和等级上都取得了长足的进步。其中，辜晴老师的《高中英语阅读课语篇解读五维模式课例分析》在2022内外兼修——四川省高质量基础教育体系建设实践优秀论文评比中获四川省二等奖，《基于单元主题的高中英语作业设计案例探究》在2022年中学英语教学优秀论文评比中获成都市一等奖，《高中英语阅读课语篇解读五维模式——以My first day at senior high为例》刊登在《时代教育》上；赵懿老师的《高中英语语篇解读教学策略研究——从文本到思维》在2022年中学英语教学优秀论文评比中获成都市一等奖；颜瑜老师的《基于"教学评一致性"的阅读教学实践——以北师大版〈英语〉Unit 3 Celebrations Spring Festival阅读教学为例》在2022年中学英语教学优秀论文评比中获成都市一等奖；袁媛老师的《基于议论文文体特征深入解读语篇内涵》《浅谈核心素养培养在高中英语作业设计中的现状与改进——以Traffic Jam为例》在2022年中学英语教学优秀论文评比中均获得成都市二等奖；钟泽丽老师的《提高农村中学生完形填空能力的策略研究》在2022年中学英语教学优秀论文评比中获成都市二等奖；张婷老师的《语篇分析在高中英语阅读教学中的应用研究——以外研社Unit 6 Longji Rice Terraces为例》在2022年中学英语教学优秀论文评比中获成都市三等奖。

在赛课方面，颜瑜老师在"成都市2021年高中英语优质课展评活动"中获说课比赛特等奖，在"成都市2021年高中英语优质课展评活动"中获现场课展示一等奖，在"四川省2022年普通高中英语学科优质课展评活动"中获一等奖。

课题的研究也推动了课题组教师们的进步和成长，其中，辜晴老师在2022年被评为成都市教育科研先进个人、"彭州工匠"，2022年11月被聘为成都市高中英语学科中心组成员、成都市教育学会外语教学专业委员会常务理事，并应邀担任2022年成都市双新背景下高中英语"一书一课"优质课展评说课展示活动和2022年武侯区中职教师课堂教学竞赛评委，她参研的另一课题"指导教学胜任力的初中英语语篇解读能力实践研究"顺利结题并获成都市基础教育课程改革优秀报告评选一等奖；钟泽丽老师在2022年被评为彭州市优秀教育工作者、彭州市骨干教师；尹小莉老师在2022年被评为彭州市教育系统巾帼建功标兵和彭州市优秀德育工作者；张婷老师在2022年被评为彭州市学科带头人；颜瑜老师在2022年被评为彭州市骨干教师。

3. 益于区域教育教学水平的提高

课题组选择的改革实施学校有城关重点中学、成都市重点私立中学、农村一般学校，选择样本涵盖了彭州市三种类型学校，具有代表性和典型性，因此，课题组收集和整理的资料都具有一定的代表性，符合课题研究的要求。

在课题的研究过程中，课题组对资料进行收集整理和反复研讨后，将研究成果整理成册，选派优秀研究人员到各兄弟学校交流汇报研究经验，推广研究成果，成为其他学科乃至其他学校和地区可供参考或借鉴的范本，使先进的理念和手段能够在区域内共享，取长补短、互相学习、共同进步。其中颜瑜老师在武侯区教研活动上所做的讲座《EIASR阅读模式之检视阅读实践研究》获得一致好评。

4. 利于理论发展完善

语篇解读研究是教材研究的重要视角，也是教学研究的基本内容。本研究基于对国内外语篇解读研究的梳理、总结，以达到六要素整合的学科内容为出发点和落脚点，是对核心素养研究和语篇解读研究的深入、拓展和具体化。通过分析文献发现，语篇解读的研究多落脚于不同课型的具体操作，忽略了在一个具体的单元中各个课型中的语篇都是围绕单元主题这一大概念进行的延展分化。在不同的课型中，用不同的语篇内容、语篇类型从不同角度对单元话题进行学习。

基于此，本课题对彭州市高中英语教师的语篇解读在听说课、阅读课的实施现状进行调查，分析存在的问题，并进一步提出改进的策略和建议，同时提出语篇解读在写作课、语法课教学过程中的教学策略，在一定程度上丰富了语篇解读的方式和角度。

本课题的研究内容紧跟当下新课改的方向，在已有的研究理论基础上，深入探究语篇解读的发展前景，将语篇解读的研究框架与课堂实践教学相结合，从教学活动中提取信息，整合教学中获得的资源，进而提供关于语篇解读的研究资料。本课题的研究丰富了高中英语教师语篇解读的研究。

5. 有助于教育决策

本课题研究在高中英语课标和《新课改》精神的指导下以及四川省启用新教材、新高考的背景下，努力探索新的教育方式和方向。本课题会引起教育决策者对于英语教学中语篇解读的重视，也势必会加强教育决策者对于提高英语教师的语篇解读能力的重视程度。当教育决策者需要做出教育教学相关的重大决定时，本研究可为教育决策者提供参考和建议，如学生考试的方向、教师考评的角度、教育政策的制定等。

六、阶段研究不足和反思

（一）缺乏明确的语篇解读操作指导

现阶段，在教师们已经明确且认同语篇解读重要性的前提下，理论学习已经提上了日程。但对一线教师而言，光有理论学习是不够的，更重要的是如何将理论和日常教学联系起来，并融入其中。教师们已经具备了对语篇解读的基本知识，知道在课前应注重对语篇的解读，但在备课时缺乏具体方式的指导。通过课题组现阶段提出的听说课、阅读课课型语篇解读备课范式表，可以看出，语篇解读应该着重于语篇要素和教学目标，但在这两个概括性的要素之下，又有细化的不同角度和维度。当教师带着语篇解读的意识去解读时，却不知道该从哪里去找语篇要素，教学目标有哪些具体的方面和层次。现在教师们有了语篇解读的意识，但是缺乏对语篇解读的具体操作的研究。

（二）教情学情的差异导致实践效果不一

在研究中，课题需要大量实践数据来印证研究内容，但区域差异、城乡差异带来的学情和教情的差异会导致最后出来的实践效果不一。因此，基于教师语篇解读能力的提升研究，需要注意不同情况下的不同分析，语篇的解读能力培养也应分阶段逐步进行，不能一蹴而就。

（三）现有研究水平的限制

本次研究的内容较为复杂，对于研究者的研究能力及学术水平有一定的要求，尤其在彭州市整体科研水平参差不齐的情况下，对研究维度较广的课题内容进行综合探究，难度较大。

（四）辐射推广受限

课题的推广仅局限于彭州市试点学校区域内和成都市部分骨干教师小范围交流，交流学习的空间范围不够广，其影响力还不够大，需要加强对外推广和研究。还需要在课程专家的引领和专业研究的指导下，在专业学术上获得更有力的支撑，进一步科学有效地进行推广。

（五）反思

在实践中，以上问题的出现不可避免也无法回避。本课题组在反复地查阅文献、讨论、充分实践及反思后，决定从理论指导加实践指导两方面来解决问题。

通过阅读语篇解读相关书籍、研究相关论文、学习课堂案例、定期集体教研讨论、加强理论知识方面的学习，提高自身的研究能力和学术水平。积极参加语篇解读相关培训并在专家指导下不断重复思考—总结—形成理论—实践—思考—再总结的过程，从而提高教师语篇解读意识和能力。工作室也将借助课题为教师们提供学习培训机会、提供交流平台、提高教师声誉、提高教师语篇解读的整体意识和能力、尽量争取缩小城乡教育差距。

另外，课题组将提高彭州市名师工作室成员在语篇解读方面的能力，通过以点带面、以赛代培的方式，以课堂形式呈现语篇解读的具体操作，使先进的理念和手段能够在区域内共享，取长补短、互相学习、共同进步。

课题研究是一个持续的过程，之后，课题组也将继续丰富和完善研究成果，以期促进彭州市高中英语教师、学生的语篇解读能力，提高彭州市高中英语教学成绩。

七、课题研究过程记载（见表17）

表17

时间	研究活动主题及主要内容	参加人员、人数	主持人
2021年11月9日	彭州市高中英语新教材语篇解读说课比赛	彭州市辜晴名师工作室全体成员、彭州市全体高中英语教师，共计90人	袁媛
2021年12月3日	再次发放彭州市高中教师及学生调查问卷，展开教师和学生的语篇解读现状调查	彭州市高中英语教师及高中三个年级部分学生，共计1900人	辜晴
2021年12月20日	课题研讨会和教学研讨会	彭州市辜晴名师工作室全体成员、彭州市高一英语教师，共计45人	辜晴
2022年3月14日	2022年四川省普通高中英语学科优质课展评活动	彭州市辜晴名师工作室全体成员，共计11人	辜晴
2022年3月31日	彭州市第八届辜晴名师工作室课题研讨会	彭州市辜晴名师工作室全体成员，共计11人	辜晴

续表

时间	研究活动主题及主要内容	参加人员、人数	主持人
2022年4月8日	"高中英语单元主题下语篇解读教学策略研究"课题展示课活动	彭州市辜晴名师工作室全体成员、高中英语中心组成员、彭州市高二英语教师,共计50人	袁　媛
2022年4月19日	课题研讨会	辜晴、王涛斌、彭州市辜晴名师工作室成员,共计12人	辜　晴
2022年5月6日	彭州市高中英语现行教材语篇解读研讨会	辜晴、黄正翠、彭州市辜晴名师工作室成员、彭州市嘉祥外国语学校英语老师、彭州市高三英语教师,共计50人	颜　瑜
2022年5月15日	彭州市辜晴名师工作室课题展示课活动	辜晴、辜晴名师工作室成员、敖平中学全体英语教师,共计21人	甘岑瑜
2022年5月20日	彭州市辜晴名师工作室课题展示课活动	辜晴、涂鸣、王勇、唐磊、辜晴名师工作室成员、成都市各级党建领导人、敖平中学全体英语教师,线上线下共计1450人	孙　文
2022年6月1日	第十三届教改(教学)研讨会暨成都石室祥云网校第二届"祥云杯"线上课堂教学大赛	辜晴、邓永红、辜晴名师工作室成员、彭州市全体高中英语老师,共计90人	袁　媛
2022年6月21日	彭州市辜晴名师工作室、王丽名师工作室携手四川省教科院高中英语教研员、分级群文阅读研究专家李兴勇老师联合研讨活动	辜晴、李兴勇、王丽、辜晴名师工作室成员、王丽名师工作室成员、彭州市实验中学英语老师,共计35人	游　培
2022年8月25日	课题线上研讨会和暑假读书阅读分享会	辜晴、辜晴名师工作室成员,共计10人	辜　晴
2022年9月15日	彭州市级课题"提升高中生英语阅读能力的TGSFA语篇策略研究"的开题答辩活动	辜晴、辜晴名师工作室成员,共计10人	孙　文

时间	研究活动主题及主要内容	参加人员、人数	主持人
2022年9月29日	课题中期研讨推进会。	辜晴、辜晴名师工作室成员，共计11人	辜　晴
2022年10月27日	成都市课题第二阶段评审准备会。	辜晴、辜晴名师工作室成员，共计5人	辜　晴

八、课题成果

以下为发表刊物的目录、获奖证书或会议相关证明复印件。获奖等级应在成都市二等奖及以上、四川省和国家三等奖及以上。

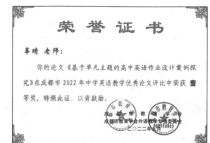

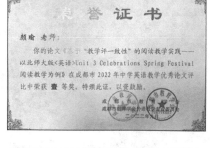

荣誉证书

辜晴 老师：

您指导的教师甘苓瑜在在"九九提质 党建引领"专题研讨活动中，担任示范课教学，受到好评。

特发此证

成都市教育科学研究院

荣誉证书

辜晴、吴小玲 老师：

你们指导的岳娟老师在由成都市教育科学研究院举办的成都市 2022 年双新背景下高中英语"一书一课"优质课展评说课展示活动中，荣获

贰 等 奖

特发此证

成都市教育科学研究院

二〇二二年九月二日

荣誉证书

辜晴、曾淑 老师：

您所指导的颜瑜 老师在由成都市教育科学研究院举办的"成都市 2021 年高中英语优质课展评活动"中荣获现场课展示

壹等奖

特发此证！

成都市教育科学研究院

2021 年 11 月

荣誉证书
HONORARY CREDENTIAL

颜瑜 老师：

您指导的学生尹孙玥在 2022 年成都市"用英语讲好中国故事"爱国主义主题展示活动中，荣获高中学段

壹 等 奖

特发此证，以资鼓励。

成都市教育科学研究院

二〇二二年九月二十七日

荣誉证书

曾淑、岳娟、颜瑜 老师：

您在武侯区高中英语教研活动上，所做讲座"EIASR 阅读模式之检视阅读实践研究"。

获得一致好评。

成都市武侯区教育科学发展研究院

2022 年 5 月 13 日

成都市武侯区教育科学发展研究院

邀请函

彭州市教育局教研室（单位）：

经研究，决定于 2022 年 10 月-11 月组织进行我区 2022 年中职教师课堂教学竞赛，特邀请贵单位 辜晴 老师于 11 月 1 日全天担任 英语(普) 学科/专业评委，带支持为盼。

成都市武侯区教育科学发展研究院

2022 年 10 月 10 日

聘 书

辜晴 老师：

兹聘请您担任成都市 2022 年双新背景下高中英语"一书一课"优质课展评说课展示活动评委。

特发此证

成都市教育科学研究院

二〇二二年九月二日

证 书

辜晴：

你在 2020～2021 年度教育科研工作中成效显著，被评为成都市教育科研先进个人

特此表彰

成都市教育科学规划领导小组办公室

二〇二二年五月

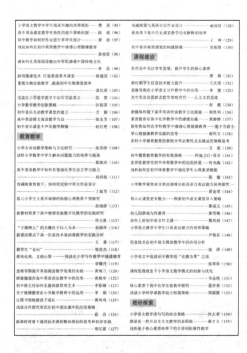

参考文献

[1] 中华人民共和国教育部. 义务教育英语课程标准（2011年版）[S]. 北京：北京师范大学出版社，2012.

[2] 教育部. 普通高中英语课程标准（2017年版2020年修订）[S]. 北京：人民教育出版社，2017.

[3] 李庆臻. 科学技术方法大辞典 [M]. 北京：科学出版社，1999.

[4] 葛炳芳. 英语阅读教学中的材料处理：解读与使用 [M]. 杭州：浙江大学出版社，2015.

[5] 霍恩比. 牛津高阶英汉双解词典 [M]. 赵翠莲，等，译. 北京：商务印书馆，2014.

[6] 胡曙中. 现代英语修辞学 [M]. 上海：上海外语教育出版社，2013.

[7] 胡壮麟. 语篇的衔接与连贯 [M]. 上海：上海外语教育出版社，1994.

[8] 蒋成瑀. 读解学引论 [M]. 上海：上海文艺出版社，1998.

[9] 蒋成瑀. 语文课读解学 [M]. 杭州：浙江大学出版社，2000.

[10] 金振邦. 多元视角中的文本解读 [M]. 长春：东北师范大学出版社，2005.

[11] 罗伯特·司格勒斯. 符号学与文学 [M]. 谭大立，等，译. 沈阳：春风文艺出版社，1988.

[12] 王蔷. 从综合语言运用能力到英语学科核心素养：高中英语课程改革的新挑战 [J]. 英语教师，2015（16）：6–7.

[13] 程晓堂，赵思奇. 英语学科核心素养的实质内涵 [J]. 课程·教材·教法，2016（5）：79–86.

[14] 陈玉松. 基于文本体裁的高中英语阅读教学实践 [J]. 学周刊，2013（6）：4–5.

[15] 关媛. 基于文本解读的英语学科核心素养培养 [J]. 中小学外语教学（中学），2017（2）：20–24.

[16] 袁顶国，朱德全. 论主题式教学设计的内涵、外延与特征 [J]. 课程·教材·教法，2006（12）：19-23.

[17] 朱玲. 基于主题意义探究的英语单元复习课教学 [J]. 教学月刊·中

学版（教学参考），2019（5）：54–58.

［18］程晓堂.基于主题意义探究的英语教学理念与实践［J］.中小学外语教学（中学），2018，41（10）：1–7.

［19］张旭.基于主题意义探究的高中英语Using Language读写课实践［J］.英语教师，2019，19（6）：64–66.

［20］陈琼.基于主题意义探究的高中英语单元综合学习活动设计［J］.上海课程教学研究，2019（6）：26–30.

［21］郭颖，张金秀，徐国辉.基于主题意义探究的高中英语阅读教学实践例析［J］.中小学外语教学（中学），2019（2）：1–6.

［22］黄正翠，彭德河.基于主题意义探究的高中英语听力教学设计改进［J］.中小学外语教学（中学），2019（6）：8–12.

［23］冷品优.探究传记类语篇的主题意义落实英语学科立德树人目标［J］.中小学外语教学（中学），2019（6）：35–41.

［24］董金标.高中英语阅读教学中主题意义探究教学设计的问题及对策［J］.中小学外语教学（中学），2019（6）：42–47.

［25］马世飞.主题意义建构在高中英语单元复习课中的应用［J］.教学与管理（中学版），2017（2）：65–67.

［26］范红彩.人教版高中语文古典诗歌教学中的文本解读［D］.长春：东北师范大学，2013.

"基于语篇解读提升初中英语教师教学胜任力实践研究"现状调查分析报告

《义务教育英语课程标准（2011年版）》提出了义务教育阶段英语课程的总目标：通过英语学习学生初步形成语言综合运用能力，促进心智发展，提高综合人文素养。2018年秋季开始执行的《普通高中英语课程标准（2017年版）》也增加了"主题"与"语篇"两个关键词。在这一背景下，对初中英语教师提出了更高的要求。提高语篇的教学质量对初中英语教师教学胜任力有着重要的意义。新目标 *Go For It* 教材体现了以人为本的思想，侧重于学生学习能力的培养，强调学生的综合素质教育，加强语言实际应用效果，使学生对自主学习产生浓厚兴趣。只有对教材进行充分的语篇解读，才能更好地对教材中的语篇进行理解，培养学生的综合语用能力，更好地把握教材的意义。而语篇解读能力的提升对于提升初中英语教师教学胜任力有实际意义。

一、调查目的

为进一步了解彭州市初中英语教师语篇解读能力及存在的问题，提高教研培训和指导的针对性和有效性，课题组组织开展了彭州市初中英语教师语篇解读能力现状调查，旨在了解不同层次教师语篇解读的基本能力，促进其专业发展和职业生涯的规划，为他们提升教学胜任力水平提供参考和启示。同时又可以为初中英语教师队伍的建设，如招聘、培训、选拔、绩效管理等提供依据。

二、调查工具

本次调查采用自编问卷，问卷共计22题，分为两个部分：第一部分共设计10个问题，主要是调查了解教师的基本情况，如教龄、年龄、职称，学校类型荣誉和论文撰写等基本信息。第二部分共设计12个问题，分为4个维度调查初中英语教师对语篇解读重要性与必要性的认识、语篇解读理论学习情况、语篇解读能力现状、在语篇解读中存在的困惑。该调查旨在了解彭州市初中英语教师的语篇解读能力现状。

三、调查对象和方法

本次调查采用在线调查问卷的形式进行，通过专业问卷调查网站设计好问卷，可使用电脑、手机、平板或者其他智能终端进行填报。调查要求全彭州市初中英语教师完成调查问卷，调查对象包括学校一般教师、教研组组长、备课组组长、中层领导。课题组采用问卷星的方式在彭州市初中英语教师中发放问卷，共收回169份，约占彭州市初中英语教师的80%。

四、调查结果及分析

（一）调查学校基本情况

1. 参与调查教师的学校类别的基本情况（如图1所示）

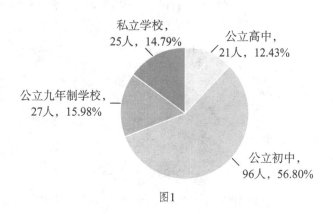

图1

2. 参与调查教师的目前职称的情况

如图2所示，本次参与调查的教师中，中小学二级教师为42人，占24.85%；中小学一级教师92人，占54.44%；高级教师35人，占20.71%；正高级教师0人。高级教师中，26位教师来自农村和城乡接合学校，其大部分享受教龄满30年的农村中小学教师晋升中小学高级职称的政策。

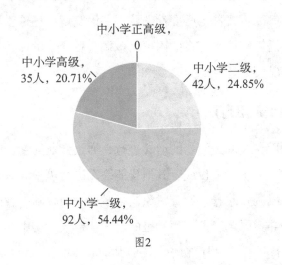

图2

3. 参与调查的教师从事英语教学的年限情况

如图3所示，在参与调查的教师中，教龄在5年以下的教师为20人，占11.83%；教龄在6～10年的有16人，占9.47%；教龄在11～15年的有44人，占26.04%；教龄在16～20年的36人，占21.30%；教龄在21～25年的有31人，占18.34%；教龄在26～30年的有8人，占4.73%；教龄在30年以上的有14人，占8.28%。

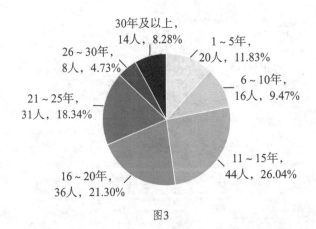

图3

4. 参与调查的教师所获最高荣誉的情况（如图4所示）

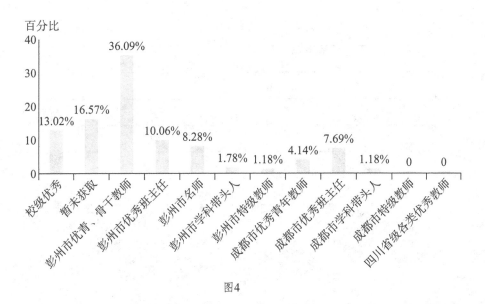

图4

5. 参与调查的教师撰写的与语篇解读相关的专业论文获得的最高荣誉等级情况

如图5所示，在参与调查的教师中，教师撰写的与语篇解读相关的专业论文获得成都市三等奖的有1人，占0.59%；获得彭州市一等奖的有2人，占1.18%。获得彭州市三等奖的有3人，占1.78%；暂未撰写与语篇解读相关论文的有163人，占96.45%。

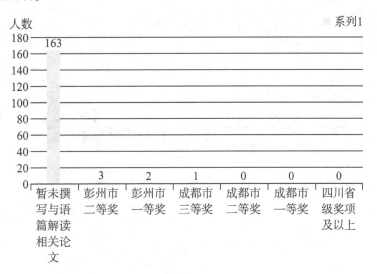

图5

6. 参与调查的教师的英语教学竞赛获得的最高荣誉等级情况（如图6所示）

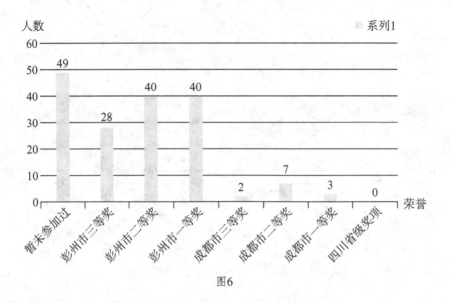

图6

7. 各类别学校参与调查教师目前的职务情况（如图7所示）

图7

8. 参与调查教师的所在学校位置情况（如图8所示）

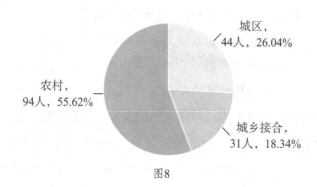

图8

9. 参与调查的教师的全日制学历情况

如图9所示，在参与调查的教师中，英语教师本科学历占比53.25%，专科学历占39.64%，研究生学历占比不足5%。

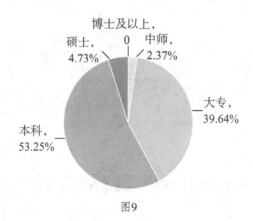

图9

10. 参与调查教师的全日制所学专业情况

如图10所示，非英语专业教师占比高达23%，且绝大多数来自私立学校。

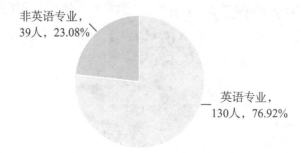

图10

61

（二）彭州市初中英语教师的语篇解读现状

1. 提升初中英语教师语篇解读能力的重要性和必要性

绝大多数教师认为进行语篇解读是必要的，因为语篇解读能够转变教师的教育教学观念，促进教师教育教学能力的提高和专业素质的提升；能够帮助教师解决教育教学中的困惑和问题。

（1）教师对课程标准中语篇解读提出的具体要求的了解情况。

如图11所示，在回答课程标准对语篇解读提出的具体要求时，4.14%的教师"一点也不了解"，86.98%的教师"不太了解"，8.88%的教师"了解"。没有教师非常了解。

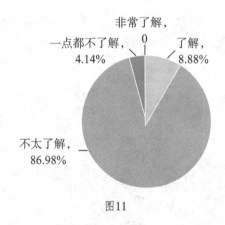

图11

（2）教师对于在日常教学中应该通过增加语篇解读教学比重来培养学生学科核心素养的认同情况。

如图12所示，在问到是否愿意在日常教学中通过增加语篇解读教学比重来培养学生学科核心素养的问题时，32.54%的教师"完全同意"，49.70%的教师"同意"，15.38%的教师"部分同意"，2.37%的教师"不同意"。共有4名教师选择"不同意"，其中3人来自农村，1人来自城乡接合部。

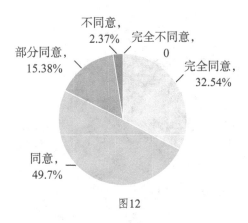

图12

（3）教师对于初中英语教师的各类专业竞赛或教研活动应把语篇解读作为重要考核内容的认同情况。

如图13所示，14.79%的教师认为初中英语教师的各类专业竞赛或教研活动应把语篇解读作为重要考核内容。52.07%的教师"同意"，29.59%的教师"部分同意"，3.55%的教师"不同意"。

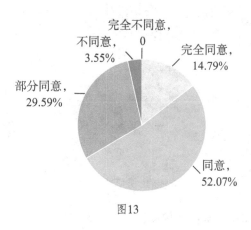

图13

（4）教师对于在中考或高考命题中，语篇解读能力部分的考查比重的意见。

如图14所示，13.61%的教师认为中考或高考应把语篇解读能力部分的考查比重"大幅增加"，34.91%的教师认为"少量增加"，40.83%的教师认为"维持不变"，认为应"少量减少"的教师占调查人数的10.65%。18位老师认为"少量减少"，其中15位老师来自农村学校。

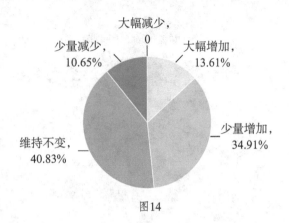

图14

（5）教师对于提升语篇解读能力能够提升教师的教学胜任力的认同情况。

如图15所示，20.71%的教师"完全同意"，55.62%的教师"同意"，22.49%的教师"部分同意"，1.18%的教师"不同意"。

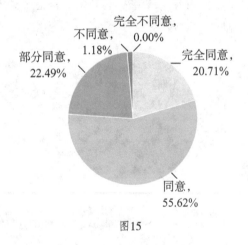

图15

2. 彭州市初中英语教师的语篇解读理论学习情况

（1）主动学习与语篇解读相关的论文或著作。

如图16所示，有73.37%的教师仅阅读过0~3篇与语篇解读相关的论文或著作，有25.44%的教师阅读过4~6篇相关论文或著作，只有1.18%的教师阅读过7~9篇，没有的教师阅读过10篇及以上。

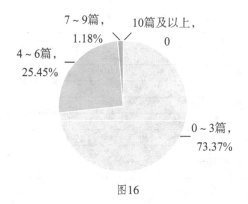

图16

（2）学习语篇解读理论的渠道。

如图17所示，有46.15%的教师是通过非学术网站学习语篇解读理论，有15.98%的教师是通过阅读专著、期刊进行学习，有10.06%的教师使用了学术网站，有7.69%的教师阅读了课程标准，有33.14%的教师使用了其他途径学习语篇解读的理论。

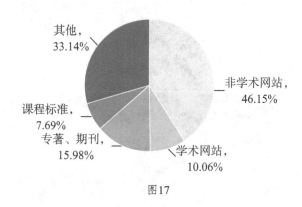

图17

3. 彭州市初中英语教师语篇解读能力现状

（1）对语篇解读维度的认识。

如图18所示，教师在平时的教学过程中，主要关注语篇内容和语篇结构，忽视语篇的主题意义、文化意识、写作意图等维度。

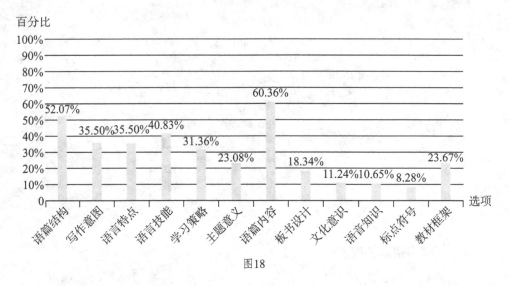

图18

（2）语篇解读角度的方法使用。

如图19所示，在日常教学中，有37.87%的教师能使用0～3种角度对语篇进行解读，有58.58%的教师能使用4～6种角度，3.55%的教师能使用7～9种，没有教师能使用10种及以上角度。

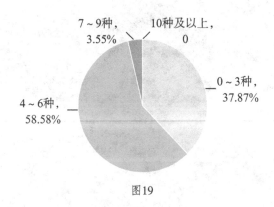

图19

4. 彭州市初中英语教师在语篇解读中存在的困惑

（1）各级教育研讨活动或赛课中是否关注语篇解读。

如图20所示，经过调查研究，课题组发现彭州市初中英语教师对语篇解读的意识在增加，49.11%的教师各级研讨活动和赛课中关注了语篇解读，只有不到1.00%的教师对语篇解读完全不关注。

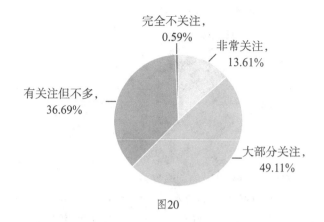

图20

（2）研究过程中教师最希望得到的支持方式。

如图21所示，初中英语一线教师在课题研究过程中最希望得到的支持依次为：解读方法培训（88.17%）、专家引领（55.62%）、成果表达（磨课、论文）（39.64%）、理论学习（36.09%）。

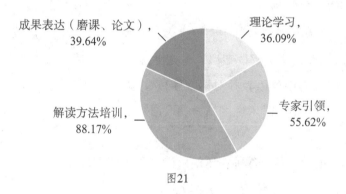

图21

（3）实践过程中教师最喜欢的语篇解读培训方式。

如图22所示，初中英语一线教师最喜欢的语篇解读培训方式依次为：教学研讨（如分课型进行连续、定期的语篇解读培训）（85.8%）、专家引领（如加入工作室或长期专家引领）（60.36%）、开展与语篇解读相关的课题研究（44.97%）、进行系统的理论学习（33.73%）、查阅专业文献资料（31.95%）、其他（7.69%）。

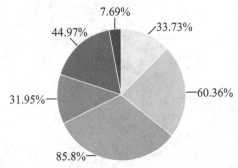

进行系统的理论学习（如读在职研究生）
得到专家的引领（如加入工作室、长期专家引领）
教学研讨（如分课型进行连续、定期的语篇解读培训）
查阅专业文献资料
开展与语篇解读相关的课题研究
其他

图22

五、调查结论

（1）彭州市初中英语教师中，绝大多数教师认为进行语篇解读是必要的，但还需要进一步学习语篇解读知识，提高自己的语篇解读能力。

（2）彭州市初中英语教师对语篇解读文献资料的查找途径过于依赖百度文库（百科）和其他非学术性网站，获取语篇解读相关的专业文献资料的能力不足。

（3）彭州市初中英语教师在语篇解读过程中感觉最大的困难是对语篇解读维度把握不准、认识模糊、解读方法较少。

（4）在研究过程中，教师最希望得到的支持是解读方法培训和专家及时引领。在实践过程中，教师最希望的培训方式是得到专家的经常性指导和分专题进行连续、定期培训及教学研讨，以及开展与语篇相关的课题研究。

（5）彭州市大部分教师在语篇解读中需要外在引领，缺乏自我的学习内驱力，内在钻研能力欠缺。

辜 晴

——彭州市教育研究培训中心

高中英语阅读课语篇解读五维模式

——以新版外研社必修—Unit 1 阅读课 "My First Day at Senior High" 为例

一、语篇解读现状分析

《普通高中英语课程标准（2017年版）》（以下简称《课标》）首次把语篇作为课程内容提出，明确了基于语篇的教学理念，强调语言教学应围绕语篇进行，以语篇为单位设计和实施教学。这个变化突出了语言的整体性特征和语篇传递意义的功能，意味着日常教学中教师对语篇知识的处理走向应以语篇为单位进行整体教学。

语篇是表达意义的语言单位，包括口头语篇和书面语篇，是人们运用语言的常见形式，也是基础教育阶段英语学习的重要资源。"解读"（analysis）在《朗文当代高级英语辞典（英汉双解）》第四版中的解释为：对事件、信息或行为的分析与理解。语篇是作者通过组织篇章、构建意义、表达思想形成的产物，而语篇解读则是读者对语篇和意图的分析与理解。

然而，在现实的英语阅读教学中，笔者发现部分教师仍然存在语篇解读的错误和偏差。主要表现在许多教师接触到新语篇时较多关注表层信息的提取，如语篇中的生词、新语法现象，缺乏整合化、情景化和结构化。

教师对语篇理解的深度、广度，直接影响着教学环节及课堂的预设和生成，也直接影响着学生的学习体验与学习成效。因此，厘清高中英语语篇解读的内涵与层次，规范高中英语教师语篇解读教学行为就显得十分必要，也是本文拟探讨的核心问题所在。

以新版外研社必修一Unit 1 A new start Understanding ideas 部分：阅读课"My First Day at Senior High"为例，从意义解读、内容解读、文体解读、语言解读、深意解读五个维度，探讨在高中英语语篇教学前教师如何对语篇进行有效的解读，从而促成高中英语语篇教学的时效性。

二、语篇解读实践探索

（一）意义解读——探究语篇的主题意义

《课标》指出，主题为语言学习提供主题范围和主题语境。主题意义是语篇主题语境（人与社会、人与自然、人与自我）在具体语篇中的体现。它不仅规约着语言知识和文化知识的学习范畴，还为语言学习提供意义语境，并有机渗透情感、态度和价值观。主题就是语篇的核心、灵魂和统帅。学生对主题意义的探究应是学生学习语言的最重要内容，它直接影响学生语篇理解的程度、思维发展的水平和语言学习的成效。

当前的英语教学改革强调："主题、语篇、语言知识、语言技能、文化知识、学习策略六要素通过与一些体现实践性、综合性、探究性和开放性特点的学习活动有机组合在一起，组成一个个连贯的学习单元……"因此，在现行的英语教材中，每个单元或者模块都有主题。单元中的每一个语篇都是为整个单元的教学目标，即单元的主题意义服务的。

所以，教师在探究语篇主题意义时，应该关注语篇的标题与主题图，同时解读语篇在整个教材中的作用，将其放在整个单元的主题背景下进行解读，明确每个语篇在教材体系中的地位以及在整体学段教学要求中的地位，关注语篇在单元主题意义下的功能和意义，从而促进教师对本语篇知识背景、文化背景、主题意义的探究。

以新版外研社必修一Unit 1 阅读课"My First Day at Senior High"为例（见表1）。

表1

步骤一：主题语境人与自我——学校生活、积极的生活态度		
解读任务	解读标题	标题关键词：My First Day at Senior High 标题方式：直截明了式、提问式、弦外之音式、反问标题式

续表

步骤一：主题语境人与自我——学校生活、积极的生活态度		
解读任务	解读主题图等其他信息	主题图充分体现了文本发生的时间、地点、人物和情绪
	主题概要	从标题和主题图可知，本课文标题为My First Day at Senior High，为本单元的Understanding ideas板块，是高中学生进入高中校园后的第一节英语阅读课，主要内容是入学第一天在高中的见闻及对崭新高中生活的感受
	单元主题意义发展及认知发展线索（语篇与单元主题、教材框架的关系）	文本选自2019外研版高中英语新教材Book 1 Unit 1 A new start，本单元主题语境是"人与自我"，涉及的主题语境内容是高中起始阶段的日常学习与生活。本单元从介绍一所英国中学里学生的日常学习生活开始，依次呈现了中国男孩孟浩高中生活的第一天、学校里不同的俱乐部、美国女孩Lisa总结的高中学习与生活建议等学习内容，帮助学生全面了解高中日常学习与生活的基本情况，使学生意识到初中、高中学习生活的不同，引导学生合理规划、安排高中生活，并在一定程度上了解中外学校高中教育的异同。 本课在单元中的作用是获取相关话题信息，引发对主题意义的思考。文本主题的意义在于引导入学新生适应新生活，积极面对未来高中生活，树立为理想奋斗的人生观
解读方式	关注标题与主题图。明确语篇在全册书中所处的地位以及与学生生活的关联。思考编者选用语篇的目的以及语篇与学生生活的关联	

（二）内容解读——梳理语篇的内容

从内容角度解读语篇是指教师在明确语篇主题意义的基础上，通过梳理语篇的具体内容、把握语篇的内容结构，提炼出结构化知识，即分析语篇各部分的内容是如何围绕主题意义组织起来的，所以对语篇内容的解读是指经过梳理、组织和整合语篇信息后形成的概念结构。这种结构在碎片化的知识之间建立了逻辑关联。基于此，教师应该从语篇的主题出发，来挖掘其对应的若干层级的下级信息以及下级信息与主题或者下级信息之间存在的逻辑关系。常见的逻辑关系有：从因到果、从主到次、从整体到部分、从抽象到具体、从现象到本质、从具体到一般等。教师可以采用以主题为中心，通过思维导图的形式，将各部分内容与主题建立关联，逐级向下拓展。

以新版外研社必修一Unit 1 阅读课 "My First Day at Senior High" 为例（见表2）。

表2

		步骤二：内容解读
解读任务	主题意义：	引导入学新生适应新生活、积极面对未来高中生活，树立为理想奋斗的人生观
	主题与下级信息关系：	本文是一篇日记，主要讲述了一个叫孟浩的高中生高中的第一天，按照Before going to school，Arriving at school，During the English class，After the English class的顺序描述"高中第一天"
	段落	主要内容
	第一段 Before going to school （上学前）	Woke up early, rushed out of the door. （早早醒来，冲出门。）
	第二段 Arriving at school （到达学校）	Decided to explore a bit and met a man who he found out later was his English teacher. （决定去探索一下，然后遇到了一个人，他后来发现这个人是他的英语老师。）
	第三段到第七段 During the English class （在英语课上）	Meng Hao was nervous about introducing himself in front of the class.With butterflies in his stomach, he began, but everyone laughed.It turned out that he and his teacher shared the same name. Mr. Meng said that challenges at senior high might put them under pressure.He advised everyone to keep calm and be prepared. （孟浩对在全班面前介绍自己感到紧张。他忐忑不安地开始说，但每个人都笑了。原来他和他的老师同名。 孟老师说，高中的挑战可能会给他们带来压力。他建议大家保持冷静，做好准备。）
	第八段 After the English class （在英语课后）	Meng Hao thought he had a good beginning to his new school life. （孟浩认为他的新学校生活有了一个良好的开端。）
解读方式		结构化知识

（三）文体解读——分析语篇结构及特征

"言而有序"是任何语篇都应遵守的规则。"序"是指语篇框架，是语篇发展的"骨"，是语篇中各成分之间复杂的相互关系，也是语篇区别于其他类似主题的文本特点。文体解读就是教师在明确语篇主题和内化结构知识的基础上，研究语篇的结构和特征。

不同的语篇体裁，寻找思路的方式和途径也各不相同。所以在对语篇进行解读时，建议教师们依据语篇的体裁解读语篇结构与特征。而语篇的结构包括语篇的宏观组织结构和微观组织结构。宏观组织结构是指语篇段与段的关系、语篇各部分与语篇主题之间的关系。微观组织结构体现为语篇中各个组成部分如何用语言表达意义，包括句子内部的语法结构、词语搭配、指代关系和连接关系以及省略和替代等衔接手段、句子的信息展开方式等。

现有英语教材在选择语篇体裁上大致有三个方向，即记叙文、说明文、议论文，且其中记叙文所占比例最大。不同语篇体裁特征及常见语篇结构如表3所示。

表3

语篇体裁	语篇特征	语篇结构	
		宏观组织结构	微观组织结构
记叙文	通过顺叙、倒叙、插叙的方式展开起因、经过和结果。都有线索可依：人物线索、时间线索、情感线索等	因果关系型语篇结构、流程与次序型语篇结构、问题解决型语篇结构、描述和分类型语篇结构、时间轴型语篇结构等	解构话题展开方式，聚焦句子的信息展开方式，包括语句关系、词汇搭配、语法结构、指代关系以及省略和替代等衔接手段
说明文	通过对比、类比、分类、举例、分解等方式阐述事物的现象或特征	定义型语篇结构、流程与次序型语篇结构、描述和分类型语篇结构等	
议论文	逻辑性强，论点论据明确。标题常常以观点展示或者对比观点的形式出现。作者对语篇的某一观点进行论述，或者针对某一社会热点进行"总结两面性结论"或者"问题利弊分析推论总结"	论证型语篇结构、正反观点辩证型语篇结构、比较和对比型语篇结构等	

语篇体裁	语篇特征	语篇结构	
		宏观组织结构	微观组织结构
解读方式	通过关注图片、表格、标题、副标题、段落首尾句、标点、关键词等要素初步感知语篇体裁。教师再借助可视化手段来完成宏观组织结构与微观组织结构的解读。 九种展示语篇宏观组织结构的图形组织器基本图形：定义型语篇结构、比较和对比型语篇结构、因果关系型语篇结构、流程与次序型语篇结构、问题解决型语篇结构、描述和分类型语篇结构、论证型语篇结构、正反观点辩证型语篇结构、时间轴型语篇结构。		

以新版外研社必修一Unit 1 阅读课 "My First Day at Senior High" 为例（见表4）。

表4

步骤三：文体解读				
	语篇体裁	本课文标题为My First Day at Senior High，是作者以第一人称叙述的一篇日记，属于记叙文体裁		
解读任务	语篇特征	通过顺叙的方式展开起因、经过和结果。 "Time""Experiences"和"Feelings"三条线索描述贯穿全文		
		Time （时间）	Experiences （经历）	Feelings （感受）
		Before going to school （上学前）	Woke up early, rushed out of the door. （早早醒来，冲出门。）	Eagerness （渴望）
		Arriving at school （到达学校）	Decided to explore a bit and met a man who he found out later was his English teacher. （决定去探索一下，然后遇到了一个人，他后来发现这个人是他的英语老师。）	Looking forward to his senior high school life. （期待高中学校生活。）
		During the English class （在英语课上）	Meng Hao was nervous about introducing himself in front of the class.With butterflies in his stomach, he began, but everyone laughed. It turned out that he and his teacher shared	Surprised, nervous, embarrassed, relaxed （惊讶，紧张，窘迫，放松）

续表

步骤三：文体解读				
解读任务	语篇特征	Time （时间）	Experiences （经历）	Feelings （感受）
		During the English class （在英语课上）	the same name.Mr. Meng said that challenges at senior high might put them under pressure. He advised everyone to keep calm and be prepared. （孟浩对在全班面前介绍自己感到紧张。他忐忑不安地开始说，但每个人都笑了。原来他和他的老师同名。孟老师说，高中的挑战可能会给他们带来压力。他建议大家保持冷静，做好准备。）	
		After the English class （在英语课后）	Meng Hao thought he had a good beginning to his new school life. （孟浩认为他的新学校生活有了一个良好的开端。）	L o o k i n g forward to his future senior high school life （期待未来高中学校生活。）
	宏观组织结构	图形组织器基本图形	比较和对比型语篇结构、因果关系型语篇结构、时间轴型语篇结构结合使用	
	微观组织结构	三个this的运用体现了层层递进的逻辑关系：I know this isn't easy for many of you! But this is just the kind of things you are going to face at senior high. Challenge like this might sometimes put you under pressure. （我知道这对你们很多人来说不容易！但这正是你们在高中将要面对的事情，并且像这样的挑战有时会给你带来压力。）		

（四）语言解读——解读语篇的语言特点

语篇中的语言形式都是基于情景和主题意义并为其服务的。语篇中的词汇、语法、句法和修辞等往往蕴含着深刻的哲理和思想，能够引导学生产生情感上的共鸣，从而发现作者的思想情感、写作意图、写作手法等。

解读语篇语言可以从以下方面入手（见表5）。

表5

切口	解读方式
用词	通过对比近义词、同义词关注作者选词的视角
语法	分析语法的语用功能
句法	分析句法的语用功能
修辞特征	品读品味语篇的语言美及写作意图
标点	朗读关注语气、情感等

以新版外研社必修一Unit 1 阅读课 "My First Day at Senior High" 为例（见表6）。

表6

步骤四：语言解读		
解读任务	用词	该文本运用了多样的动词、形容词形象生动地描述作者的见闻及感受。如 "I had pictured it over and over again"，"the big day finally arrived"，"woke up early"，"rushed out of the door"，体现出作者进入高中的激动和对高中生活充满期待。
	语法	语篇中各种时态交叉使用体现了语篇日记的真实性。过去完成时的使用，体现了语篇的先后逻辑。如 "I was surprised to see the same man I had met earlier."
	句法	感叹句的使用，如 "How true these words were！" 体现了作者的真实感受。 祈使句 "Keep calm and be prepared" 写出了作者眼里英语教师温和又严谨的品质，反映了学生对老师的喜爱
	修辞手法	夸张、拟人、比喻等手法的使用充分体现了作者的情绪变化，如 "with butterflies in my stomach"
	标点使用	直接引语中引号、感叹号、问号的使用表现了作者的惊讶和期待。如 "What？！"

（五）深意解读——解读文化意识、作者情感态度、文本育人价值

文学语言是一种多重符号，它 "一语双关"，文学语言所表达的意义可以分为表层意义和深层意义。表层意义是基于语篇内容的语言、篇章结构、主旨

大意的理解，深层意义则是要引导学生关注作者情感、语篇的写作意图、文化意识、语篇的文本育人价值等。只有解读了语篇深意，才能从本意出发，还原语篇的本真，做作者的知音，然后将作者的心声通过解读有效地传递给学生，完成心灵的"再建构"。

教师在解读语篇时，可以从以下方面入手（见表7）。

表7

深意解读角度	深意解读路径
作者立场、观点和意图	教师通过作者表示情态、语态、人称代词和表达评价意义的词语分析写作目的
文化意识的理解	教师应该注重学生在全球化背景下的知识素质、人文修养和行为取向，引导学生不仅能获得文化知识，理解文化内涵，比较文化异同，更要汲取文化精华，传播中华优秀文化，形成正确的价值观，做到自尊、自信、自强
语篇的文本育人价值	教师充分考虑学生的认知水平，将自己的角色定位于学生，从学生已有的经验及认知规律出发，去分析、解读语篇并将已学知识运用于现实生活之中，关注语篇的现实意义。从而由远及近，实现语篇的现实意义，建立语篇与学生之间的联系

以"新版外研社必修—Unit 1 阅读课My First Day at Senior High"为例（见表8）。

表8

步骤五：深意解读			
解读任务	文化意识	语篇文化内涵	通过阅读和作者产生情感共鸣，对高中生活形成正确的认识和正确的学习态度，学生能理解"良好的开端是成功的一半"的意义，树立自信积极乐观、为美好未来奋斗的人生观
		比较文化异同	能够初步了解中外高中在学习与校园生活方面的异同
	作者情感态度	表示情态、语态、人称代词和表达评价意义的词语	The big day finally arrives. Explore a bit. How true these words were! What？！ With butterflies in my stomach I guess……

续表

步骤五：深意解读			
解读任务	文本育人价值	学生已知价值意义	学生刚进入高中，基础较为薄弱，英语学习兴趣较大，渴望获得更多的知识。学生对高中生活虽然已有一些感受，但学生对陌生的环境还不够熟悉，未形成适应高中的学习方法
		学生从文本中学到的价值意义	能够初步了解中外高中在学习与校园生活方面的异同。能真正理解"良好的开端是成功的一半"的意义
		价值意义与学生现实生活的关系	学生能与作者产生情感共鸣，对高中生活形成正确的认识和正确的学习态度，树立自信积极乐观、为美好未来奋斗的人生观

三、结语

语篇解读的各个方面是相互关联、共同发展的。本文提出在实际教学中，教师需要从意义解读、内容解读、文体解读、语言解读、深意解读五个方面解读语篇，"以帮助学生建立语篇信息、语言、情感、态度等各要素之间的联系，体验阅读过程，提升思维和语言能力"。这样的解读通过依托语篇的特定目的和表现手法，把相关话题的语言知识、思维品质、文化意识、学习策略连接成一个网络，体现整合化、情景化和结构化，从而指向核心素养的提升。

需要注意的是，并不是所有的课文都能按照一个不变的模板进行分析，因为不同语篇的侧重点是有差异的。教师应该根据不同语篇特征和学情有所侧重。有的语篇适合开展内容分析，有的语篇结构特征明显，有的语篇凸显文化意识等。教师在解读过程中多思考实施方法，努力提高语篇解读能力，只有这样才有可能带着学生走进语篇，引导学生体验语篇内涵，做到深层次的阅读，从而培养学生核心素养。

参考文献

[1] 中华人民共和国教育部.普通高中英语课程标准（2017年版）[S].
　　北京：人民教育出版社，2018.

[2] 王秋会，王蕾.浅析文本解读的五个角度[J].中小学外语教学（中

学），2016（11）：11–16.

［3］苗兴伟，罗少茜.基于语篇分析的阅读圈活动设计与实施［J］.中小学外语教学（中学），2020（9）：1–5.

［4］徐国辉.例析图形组织器在中学英语阅读教学中的有效运用［J］.中小学外语教学（中学），2017（11）：13–18.

［5］王蔷.从综合语言应用能力到英语学科核心素养：新时期高中英语课程改革的方向［J］.英语教师，2015（16）：6-7.

基于语篇解读的高中英语阅读教学模式探索

《普通高中英语课程标准（2017年版）》（以下简称《课标》）明确指出，英语课程具有重要的育人功能，旨在发展学生的语言能力、文化意识、思维品质和学习能力等英语核心素养，落实立德树人根本任务，培养具有中国情怀、国际视野和跨文化沟通能力的社会主义建设者和接班人。在发展学生英语语言运用能力的同时，英语课程越来越注重帮助学生提升跨文化沟通能力、思辨能力、学习能力和创新能力，从而形成正确的世界观、人生观和价值观。

现行高中教材含有大量的阅读文本，这些文本常常是在同一主题引领下，通过一篇或多篇意义相关、逻辑相关的文本形成一个完整的学习单位，提供与主题意义相关的语言知识、文化知识、语言技能训练和学习策略实践，为学生学科核心素养的形成与发展提供基本平台。但是当前的高中英语阅读教学受教师经验主义的影响，教师基本只关注到了语言知识的学习，陷入"读懂=讲解语言点"的固有思维模式，无法真正培养学生的核心素养。

因此，如何借助语篇解读理论，优化高中英语阅读教学，以培养学生的核心素养，并引导学生树立正确的世界观、人生观和价值观，是教师必须关注探索的课题。

一、语篇解读的概念及维度

语篇是表达意义的语言单位，包括口语语篇和书面语篇，是人们运用语言的常见形式，也是英语学习的重要资源。《普通高中英语课程标准（2017年版2020年修订）》提出：语篇有很多类型，包括口语、书面等多模态形式（如语言、图示、音乐、歌曲、试听）的语体（正式与非正式）和文体（记叙文、议论文、说明文、应用文等）。

"解读"在《朗文当代高级英语辞典（英汉双解）》第四版中的解释为：对事件、信息或行为的分析与理解。

语篇是作者通过组织篇章、构建意义、表达思想形成的产物，而语篇解读则是读者对语篇和意图的分析与理解。胡壮麟指出，语篇解读是指读者在阅读过程中能够识别语篇的结构、分析语篇中语言产生的过程和为了构成语篇结构而使用的语言手段。王蔷教授指出，教学中的语篇研读是指教师对语篇的主题、内容、文体结构、语言特点、作者观点等进行深入的解读。

综上所述，内容、文体、语言、选材等几个方面相互支持，共同为主题意义服务，并最终构成高中英语阅读语篇的五个维度。所以根据语篇解读理论，笔者认为高中英语阅读教学应从四个方面切入：引导学生与语篇对话、分析语篇特征、感悟语篇主题意义、培养思维品质和文化意识，以此实现高中英语阅读教学的价值最大化。

二、高中英语阅读教学四步模式

通过以上分析，如何运用语篇解读理论分析解读阅读文本，设计思维层次逐级递进的学习活动，促成高中英语阅读教学实践路径的形成，以此实现高中英语阅读教学的价值最大化呢？笔者认为主要分为以下四个步骤：读前预测、读中梳理、读中探究、读后迁移。

（一）读前预测即通过关注单元框架、单元和语篇标题、表格和配图等解读语篇

《课标》指出，主题为语言学习提供主题范围和主题语境。主题意义是语篇主题语境（人与社会、人与自然、人与自我）在具体语篇中的体现。它不仅规约着语言知识和文化知识的学习范畴，还为语言学习提供意义语境，并有机渗透情感、态度和价值观。主题就是语篇的核心、灵魂和统帅。在读前预测部分，教师可以引导学生在读前关注单元的标题、语篇的标题与主题图，同时将语篇放在整个单元的主题背景下进行解读，明确每个语篇在教材体系以及在整体学段教学要求中的地位，关注其在单元主题意义下的功能和意义。

（二）读中梳理即通过关注语篇文体特点解读语篇

"言而有序"是任何语篇都应遵守的规则。"序"是指语篇框架，是语篇发展的"骨"，语篇中各成分之间复杂的相互关系，也是语篇区别于其他类似主题的文本特点。文体解读就是教师在明确语篇主题和内化结构知识的基础上，研究语篇的结构和特征。语篇的结构包括语篇的宏观组织结构和微观组织结构。在读中过程中，教师可以引导学生在读中根据不同的文体特征关注语篇段与段的关系、语篇各部分与语篇主题之间的关系以及语篇中各个组成部分如何用语言表达意义，包括句子内部的语法结构、词语搭配、指代关系和连接关系以及省略和替代等衔接手段、句子的信息展开方式等提炼出语篇结构化知识。

（三）读中探究即通过关注语篇语言、内容及选材目的解读语篇

语篇各部分的内容都是围绕主题意义组织起来的。在明确语篇主题意义的基础上，通过探究语篇具体内容、把握语篇选材目的，分析它们如何为主题意义服务，即教师从语篇的主题出发，挖掘其对应的若干层级的下级信息以及下级信息与主题或者下级信息之间存在的逻辑关系。词汇、语法、句法和修辞等都是基于情景和主题意义并为其服务的，所以在读中阶段教师可以对比和关注作者选词的视角，比如同义词、代词等；分析语法的语用功能，比如时态、语态等；分析句法的语用功能，比如祈使句、感叹句等；品读品味语篇的语言美及写作意图，比如形容词、副词等；关注语气、情感等，比如感叹号、引号、语音等。教师还可以通过深入研读，比较与探究单元语篇之间或者课文语篇段落之间的内涵和关联性，建构结构化、体系化知识，探究选文所蕴含的深度意义，从而理解语篇选材目的及背后的深意。

（四）读后迁移即通过创设情景内化语篇

《课标》指出，迁移创新类活动是超越语篇的学习活动，是教师引导学生挖掘语篇暗含的价值观和作者观点态度，赏析语言，探究其与主题意义关联的教学活动。理想的读后活动应能够促使学生对主题意义、语言知识、学习策略等课堂所学进行有效迁移。教师可以通过基于主题意义的情境创设让学生参与与语篇高度关联的活动。同时，读后活动还应该强调文本语言，重视对课堂所学语言的结构化整理，培养学生在读后产出中运用文本语言的意识。让学生真

正将课堂所学迁移到实际运用中。

三、高中英语阅读教学四步模式实践

下面笔者以"北师大版《英语》Unit 3 Celebrations Spring Festival 板块的阅读理解"为例，探讨基于语篇解读的高中英语阅读教学模式。

在课前，教师根据五个维度解读路径将语篇进行解读（见表1）。

表1

维度	本语篇解读结果
语篇主题意义解读	该语篇所在单元主要介绍世界各种庆典celebrations，主题为节日。该文章作为单元的第一个语篇，在Topic Talk板块口头讨论了重要庆典的时间和活动的基础上，进一步探究春节背后的文化与意义。让学生理解本文所传递的春节的文化内涵，进一步理解春节作为中国传统节日的重要意义
内容解读	语篇从三个不同年龄、国籍、地域、身份的读者来稿的角度，叙述呈现了春节期间三人的亲身经历和感受。最后在结语部分编辑总结了春节背后所蕴含的深刻意义
文体解读	该文为杂志专栏文章，为群文阅读类语篇。从引言部分开始，展示了语篇主要内容及类型。从宏观组织结构来看，三位读者语篇平行又相互关联，有很多相似的语篇逻辑与结构。同时三位读者语篇的呈现都指向结语部分的春节意义。从微观组织来看，三位读者语篇都有对春节活动和春节感受的一一对应的描写
语言解读	语篇时态、语态丰富。第一篇以过去式和被动语态为主，第二篇和第三篇为一般现在时和主动语态。同时语篇语言真实，通过大量的一一对应的细节描写，读者读的时候能够感同身受，极具画面感
选材解读	语篇选自三个不同年龄、国籍、地域、身份的读者。三位读者分别为外国留学生Tom、在外打工春节返乡的中国年轻人徐刚和子女在外工作的留守老人李燕

接下来在具体教学设计中，教师围绕这五个维度设计具体的教学活动来为学生课堂解读做好脚手架。

（一）读前预测：通过关注标题、引言和图片等引出语篇

Step 1　引入语篇话题，激发学习动机

通过图片、音乐直接引入春节话题，学生头脑风暴春节间的活动，并通过回答问题"What does Spring Festival mean to you？"简要分享春节的意义，自然过渡到语篇学习。

设计意图：本语篇的主题意义是：让学生理解本文所传递的春节的文化内涵，进一步理解春节作为中国传统节日的重要意义。所以在本环节引入春节话题，通过音乐激发兴趣，激活春节相关背景知识，进行部分语言输入，同时通过提问春节的意义，为最后下课前再问春节的意义、让学生再思考的语言输出和情感输入埋下伏笔。实现学生对主题意义的探究。

Step 2　了解文章出处，概括文章大意

引导学生阅读导语和引言，通过寻找关键词"editor""readers""magazine"推出本文出自杂志，并找到关键信息"shared their experiences and views about it"了解文章主要内容和语篇文体。

设计意图：本语篇文体为杂志专栏文章，为群文阅读类语篇，主要内容是从三个不同年龄、国籍、地域、身份的读者来稿的角度叙述呈现了春节期间他们的经历、感受以及春节的文化。所以在本环节，教师引导学生在未通读全文的情况下关注导语，可以基本了解文章信息大意和语篇文体。

Step 3　关注人物信息，预测选材意图

引导学生浏览文中三幅图片，通过图片获取人物信息，了解人物身份。学生通过回答"Why did the editor choose the accounts of the three readers？"激发好奇心，引起思考。

设计意图：本语篇的选材角度为三个不同年龄、国籍、地域、身份的读者来稿。所以教师在这一部分引导学生读图，获取人物基本信息及身份，为后面展开分析编者选材角度和文章组织方式做铺垫。

（二）读中梳理：通过关注语篇组织结构解读语篇

Step 4　教师指导阅读

引导学生阅读第一个外国人Tom的语篇。学生通过画括号、画下划线和画圈的方式在语篇中分别找出春节活动的activities（What）、reasons（Why）和

feelings（How）。

引导学生思考"What did Spring Festival mean to Tom？"学生根据所获取的what、why、how信息，通过同桌讨论的方式明白春节对Tom的特殊意义是一次有趣的体验。

引导学生回顾"How do we get the meaning of Spring Festival to Tom？"得出阅读框架，即通过Tom在春节期间的活动（What）、互动背后的原因（Why）以及他的感受（How）三个方面分析得出春节对于Tom的意义。

设计意图：从语篇文体和内容看，本语篇的三个段落语篇组织结构相似。所以教师在这一部分引导学生关注第一个人物Tom语篇中对于节日话题相关词汇的使用以及语言的呈现逻辑，是在为分析后面两个人物的语言和内容解读做铺垫。同时也可以引导学生初步关注春节这一主题对于外国人Tom的意义。

Step 5　学生自主阅读

引导学生通过Tom语篇的阅读框架，迁移分析方法，自主阅读徐刚和李燕的语篇，并尝试用总结出来的三个要素（what、why、how）对徐刚和李燕的描述进行分析。

设计意图：在前一个环节掌握语篇分析方法后，让学生尝试用Tom语篇的分析方法阅读徐刚和李燕的语篇，不仅关注了学习策略的迁移，还让学生关注语篇中对节日话题相关词汇的使用以及内容的呈现逻辑，同时也可以引导学生初步对比春节这一主题对于外国人Tom和中国人徐刚和李燕的不同。

（三）读中探究：通过关注三个读者语篇异同、语篇结语解读语篇

Step 6　中国读者的语篇语言分析，人物身份分析，探究春节意义

学生发现只能在两个中国读者的语篇中梳理到what的内容，而why和how都没有明确的描述。

引导学生关注两个中国读者春节活动的异同和关联，发现其活动一一对应的关系，从而找到两个中国人对春节的情感态度why和how的信息。比如，在描述回家和准备年货这两个活动时，徐刚和李燕都用到了关键词"weeks before Spring Festival"，体现出他们一个归家心切，一个期盼子孙归家心切。如此类推，学生发现徐刚和李燕的语篇中描述的春节活动几乎都一一对应。一个处处想着家里的长辈，一个时刻为下一辈着想，体现出春节对于他们的意义是他们相互之间的爱与牵绊。

引导学生思考对比这两个人物的身份。徐刚是一个在上海打工的山西人，而李燕则是一个退休在家的黑龙江老人。让学生理解他们分别所代表的人群：在外打工的游子和留守在家的空巢老人，并在头脑中形成在春节这个中国最重要的传统节日两代人相互奔赴的感人画面，由此体会到春节的重要意义：家人的团聚。由此深入了解"家"文化作为儒家文化的基础，以及它对整个民族文化的形成的影响，从而深刻理解春节文化在中华传统文化中的重要意义。

设计意图：本语篇的主题意义是让学生理解语篇所传递的春节的文化内涵，进一步理解春节作为中国传统节日的重要意义。在上一环节，学生找到徐刚、李燕相关春节活动比较容易，但是相对于Tom的语篇，两个中国人对春节的情感在语篇中没有明显的词汇描述，是比较含蓄的。所以教师需要在引导学生初步关注中国人徐刚和李燕的春节活动过后，通过一一对比后两个中国读者语篇的语言、人物选择找到关联，从而探究活动背后所蕴含的原因和情义，让学生感悟春节对于中国人的"爱的团聚"的主题意义。

Step 7 中外读者语篇语言对比、人物身份对比，探究春节意义

引导学生思考：既然通过徐刚和李燕的选材已经能够体现春节的意义，为什么还要从Tom这个外国人的视角来描写春节。

引导学生对比三个读者语篇的时态语态：Tom的描述中全是过去时，且对春节活动的描写都是被动语态，体现出春节对Tom而言只是一次经历，代表着过去。Tom是从旁观者的角度来描写春节。而徐刚和李燕则多用一般现在时和主动语态，他们从参与者的角度来描写春节。对他们而言，春节是年年岁岁的相互奔赴，这不仅发生在过去和现在，还会发生在将来。

引导学生齐读结语，关注结语remark部分的关键词"changed""kept""practiced"。

引导学生体会，作为中国人，我们不光是春节的参与者，更是家文化的传承者。

设计意图：为了更进一步深入探究语篇主题意义，教师引导学生关注语篇异同，比较语言、时态、语态的使用，让学生真正理解作者的群文选材目的和文章组织方式，深刻地理解春节的文化内涵和重要意义，从而深刻体会到作为

中国人，我们是春节文化的传承者。

（四）读后迁移：通过创设情景内化语篇

Step 8　评价检测

创设情境 "The year of Tiger is approaching." 引导学生4人小组讨论 "How will you celebrate the coming Spring Festival after learning this passage and why?"

设计意图：本环节继续关注语篇主题意义。因课前教师曾经提问春节对于学生的意义，而在下课前教师通过再次询问新年春节如何过这个问题，让学生再次思考春节的意义来检测学生语言目标的达成。让学生真正做到对于春节意义的理解和内化，实践对春节文化的传承。

Step 9　课后作业

创设情景，引导学生思考：假如你是编者，有机会选择读者语篇，你还会选择哪些人物的语篇呢？请采访他，并整合他的回答，向全班口头介绍他的描述。

设计意图：教师设计这个活动一方面可以检测学生对于描述春节的基本框架what、why、how的使用，同时也促进学生对语篇主题意义、内容、文体、语言、选材的学习、理解和内化。

四、结语

综上所述，教师在开展高中阅读教学时要学会运用语篇解读理论，通过对语篇主题意义解读、内容解读、文体解读、语言解读、选材解读等五个维度的关注，引导学生通过读前预测、读中梳理、探究和读后内化的四步模式解读语篇，提升高中学生英语学科核心素养，真正实现高中英语阅读教学的育人价值。

参考文献

[1]中华人民共和国教育部.普通高中英语课程标准（2017年版）[S].北京：人民教育出版社，2018.

[2]程晓棠.基于语篇分析的英语教学设计[J].中小学外语教学（中学），2020（10）：1-8.

[3]张秋会，王蔷.浅析文本解读的五个角度[J].中小学外语教学（中学

篇），2016（11）：11-16.

［4］苗兴伟，罗少茜.基于语篇分析的阅读圈活动设计与实施［J］.中小学外语教学（中学），2020（9）：1-5.

［5］徐国辉.例析图形组织器在中学英语阅读教学中的有效运用［J］.中小学外语教学（中学），2017（11）：13-18.

［6］王蔷.从综合语言应用能力到英语学科核心素养：新时期高中英语课程改革的方向［J］.英语教师，2015（16）：6-7.

基于核心素养的高中英语语篇解读
教学案例分析

——以外研版新教材必修三Unit 4 Understanding Idea为例

　　进入21世纪，中国的基础教育课程教学改革经历了从"双基"到"三维目标"再到"核心素养"三个阶段。这背后体现了教学从学科知识到学科本质再到学科育人价值的转变，从而引导学校教育教学不断地回归人、走向人、关注人进而真正实现以人为本，使人成为教育教学真正的对象和目的。这是一个伟大的变革，同时也是对当代教师包括英语教师，教育教学的新挑战。《教育部关于全面深化课程改革落实立德树人根本任务的意见》提出了"核心素养"这一重要概念，指出发展学生核心素养是推进课程改革的关键，是我国教育改革的发展方向。在这一观念的指导下，就英语学科而言，发展学生英语学科核心素养必然是今后英语教学的重要方向和目标。

　　《普通高中英语课程标准（2017年版）》指出高中英语课程的总目标是：全面贯彻党的教育方针，培育和践行社会主义核心价值观，落实立德树人根本任务，在义务教育的基础上，进一步促进学生英语学科核心素养的发展，培养具有中国情怀、国际视野和跨文化沟通能力的社会主义建设者和接班人。同时，相对2003版的课程标准，《普通高中英语课程标准（2017年版）》增加了"主题"与"语篇"两个关键词。在这一背景下，对高中英语教师提出了更高的要求。

　　因此，语篇解读教学是英语学科核心素养落实的关键路径。教师可通过开展语篇解读教学，挖掘语篇背后的育人价值，引导学生在单元大主题下进行有效的语篇解读。以具体的教学课例探讨提升高中英语教师语篇解读能力的有效策略，以鼓励教师们更加从容地适应时代的发展、教育的改革，以更好地开展教育教学工作，提高教学水平，最终达到提升学生英语核心素养，真正落实党的二十大提出的立德树人的根本任务，践行社会主义核心价值观，为祖国培养具有中国情怀、国际意识和跨文化交际能力的社会主义建设者和接班人。

一、语篇解读的定义及重要性

（一）定义

本文所指的高中英语教师语篇解读能力是广义上的语篇解读，即教师既要从多维度解读教材语篇，又要解读语篇的作者或者教材编者的意图，同时还得根据授课学生的具体学情而定。

（二）重要性

教师的语篇解读能力在《普通高中英语课程标准（2017年版）》和2020年颁布的《中国高考评价体系》中都有了更高的要求。根据2020年颁布的《中国高考评价体系》可以得知，高考试题会考查学生语篇理解能力、语言综合运用能力以及学生的思维品质和思维习惯。2023年彭州市学生在参加成都市一诊英语学科部分题型得分（以贯彻语篇理解，综合运用部分的完形填空和阅读理解为例）情况如图1所示，阅读理解不同题型得分情况如图2所示。

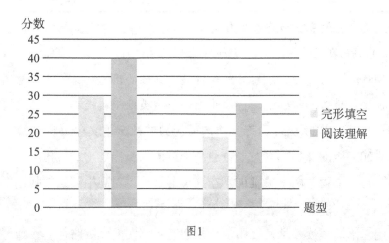

图1

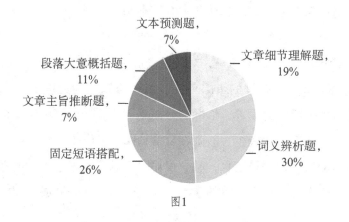

图1

通过观察图1、图2可以得知，近年对学生在主题语境下对不同语篇的理解能力考查比重在不断上升。而学生语篇解读意识淡薄，对语言知识的关注大于对语篇解读的关注，语篇解读能力水平低，这对教师教学提出了更高的要求。因此，只有对教材进行充分语篇解读，才能更好地对教材中的语篇进行理解，更好地培养学生的综合语用能力，更好地把握教材的意义；教师通过解读文本，实现有效教学，能够帮助学生更好地理解知识、建构意义、解决问题、发展英语学科核心素养。

二、高中英语教材语篇解读的现状及困惑

（一）教师语篇解读理论知识欠缺，缺乏专家引领和指导

高中英语一线教师最喜欢的语篇解读培训方式为：教学研讨（分课型进行连续、定期的语篇解读培训）、专家引领（加入工作室和长期专家引领）、开展与语篇解读相关的课题研究、进行系统的理论学习、查阅专业文献资料或其他。不难看出：大部分教师自身语篇解读理论知识欠缺，缺乏自我的学习内驱力，内在钻研能力欠缺，在语篇解读中需要外在引领和指导。

（二）教师语篇解读意识淡漠，不能将语篇解读融入实际教学

一部分高中英语教师语篇解读意识淡漠，对适应形势的语篇解读教学理念理解不透彻。还有一部分老师认为进行语篇解读是必要的，因为语篇解读能够转变教师的教育教学观念，促进教师教育教学能力的提高和专业素质的提升，能够帮助教师解决教育教学中的困惑和问题，但对课程标准中教材的设计意图

把握不准，对语篇解读提出的具体要求并不是非常了解，不能将语篇解读融入自己的教学实践。

（三）教师语篇解读策略单一，对教材语篇解读维度把握不准

部分英语教师语篇解读的策略单一，对语篇解读的维度把握不准。主要体现在对教材主题语境的设置、话题的分类不够明确，对语篇解读维度把握不准、认识模糊、解读方法较少。教师在日常的阅读教学中常常简单运用读前、读中和读后活动来处理语篇信息，教学仅局限于对语篇中心大意的理解、长难句的结构分析或者重点词汇短语的掌握，最终将阅读课开展成为简单的语言知识课。

三、高中英语教材语篇解读策略与方法

《普通高中英语课程标准（2017年版）》指出，所有的学习活动应基于语篇来实施。真正的语篇解读应该根据不同的主题语境即人与社会、人与自然以及人与自我展开。不同的语篇类型和内容从不同的角度解读就会引导教师设定不同的教学目标。学习活动要在主题语境范围下，以不同的语篇类型为依托，设计出不同层次的活动，提高学生英语学科核心素养。

因此，教师在解读语篇前要确定该语篇的主题和其在整册书中的作用，在整个单元主题下的作用，根据文本类型，选定某一特定解读维度进行解读，明确备课方向。从而在教学中帮助学生挖掘每篇阅读文本多方面的内涵，通过教材语篇解读赋予教材以全新的生命，使阅读教学更加立体、更加多元、更加综合，从而提高学生学习英语的兴趣和综合语言运用能力。一般来说，教师可以指导学生从主题、语篇、语言知识、文化知识等方面去解读文本。

下面以外研版新教材必修三 Unit 4 Understanding Idea 教学设计为例，从这四个方面分析语篇解读的不同维度和教学策略。

（一）关注主题——从文章标题和插图入手

每个语篇的标题往往都是精髓所在，是作者对文本内容的浓缩、提炼和概括。为了能够发挥导读作用，吸引读者，作者总是将标题写得简洁明了，力求用最简洁的文字表达最丰富的信息，使读者通过阅读标题便能一目了然地了解语篇，抓住文本中心要点。文章插画也是读者在阅读之前进行预测的重要线

索。很多插画不仅能提供直观的线索，还能给学生提供想象的空间，可以让学生结合自身的知识背景和生活经验储备，对文本内容进行大胆合理的猜测。因此，标题和插图是一个有效进行语篇解读的重要切入点。

学生通过教材几幅主题图和标题可以预测到语篇的中心内容。通过图中的三个艺术品的展示，可以引导学生感知艺术的魅力，同时从单元标题大胆预测语篇主题 "It's about Zack's amazing live experience in the Louvre."

根据语篇主题，引导学生大胆预测语篇将如何展开内容，引导学生说出语篇逻辑：时间、空间顺序。这样的预测有助于学生后面更进一步解读语篇段落内容。

从以上的实例分析可以看出语篇提供的标题和插图的重要性，它们与语篇中心内容有着密不可分的联系。教师在解读文本过程中抓住这个重点，可以更加有效地引导学生解读教材语篇的情节，能有效地激活、调动学生大脑中储存的与该话题相关的各种知识，同时激发学生浓厚的阅读兴趣。

（二）关注语篇——从语篇类型和文本结构入手

每个阅读语篇都是由单独的重点词汇构成，再组合成有意义的词组短句，经过语法的限定，用来表达作者的某一特定情感的集合体。它们的内容组成结构取决于人们更换信息的动机、目的、内容，也取决于人们在交换信息时的情感和态度。因此，任何一个语篇都是一个整体，教师应该培养学生整体领悟文本，学会语篇的整体输入、整体吸收、整体加工和整体输出的能力。这也为人们呈现了语篇解读的另一维度——语篇类型和文本结构。高中阶段，常见的语篇类型为书信、邮件、演讲稿、广告、电视报道等。教师应该从每种不同的语篇类型入手，分段落、分层次地概括大意，分析文本框架结构。同时语篇的整体性不仅表现在表层结构或结构层次中词、句、段等方面的联系，还表现在深层结构或意图层次中所存在的一个语义中心，也称为作者的写作意图和写作目的。

因此，整体领悟文本可以让学生整体把握文章框架，解读语篇结构，也可以提高学生在英语阅读过程中的段落意识和语篇框架意识。以外研版新教材必修三 Unit 4 Understanding Idea 为例，该语篇类型是典型的新媒体语篇之网络直播。作者通过参观卢浮宫这一中心话题，以空间顺序展开介绍，文章分为五段，从第一段的引入到第二、三、四段对三个卢浮宫珍品的详细描述，再到最后第五段作者总结：It would take a life time to see everything. They really do reach out to us across the centuries as if time itself were nothing.（要花一辈子的时间才能看完所有的东西！这些作品真的穿越几个世纪，出现在我们面前，仿佛时间没有流逝一般。）在教学过程中，教师可以引导学生关注语篇框架，思考写作顺序和语篇主次，从而体会作者背后的情感态度。

（三）关注语言知识——从文章中心句和关键词入手

每个语篇中都会有显现的或隐形的中心句出现；语篇的中心大意、作者的写作意图和情感态度常常在语篇的中心段落或者中心句中出现；每个中心关键句中，学生都可以找到语篇关键词，教师引导学生挖掘每一段落的关键词（概括文章主旨、表达作者意图的词），并以它们为抓手，引导学生对整个语篇进行解读，同时鼓励学生进行多角度、多维度的思考，这也是提高学生语篇解读能力的重要方法。下面仍然以外研版新教材必修三 Unit4 Understanding Idea 为例，通过解读语篇中心句和关键词，培养学生多个层次的阅读能力，进而促进学生语篇整体意识、要点意识、语境意识的形成。

首先读语篇中每段的中心句，如：

Paragraph 1：Today we're going to find out about some of the Louvre's most amazing treasures. Here we go!（今天我们将了解一些卢浮宫最令人惊叹的宝藏。让我们开始吧！）

Paragraph 2：That huge sculpture you can see is the Winged Victory of Samothrace! I can't even begin to tell you how amazing this is!（你所看到的那个巨大的雕塑是《萨莫色雷斯的胜利女神》！我甚至无法告诉你这有多神奇！）

Paragraph 3：It's the one and only Mona Lisa! I guess that's why she attracts so many visitors everyday.（这是独一无二的《蒙娜丽莎》！我想这就是她每天吸引这么多游客的原因了。）

Paragraph 4：It's time to get up close and personal with one of history's greatest artists-Rembrandt!（我想是时候近距离接触历史上最伟大的艺术家之一——伦勃朗了！）

Paragraph 5：It would take a lifetime to see everything! They really do reach out to us across the centuries as if time itself were nothing.（要花一辈子的时间才能

看完所有的东西！这些作品真的穿越几个世纪，出现在我们面前，仿佛时间没有流逝一般。）

通过五个段落的中心句可以了解语篇每个段落的主要内容。

其次分析文章细节，获取支持性的细节信息。首先从五个段落的主题句挖出关键点。例如，引导学生发现为了表达现场直播时Zack的震撼，除了每一段的中心句都使用了感叹号，作者还用了什么样的写作手法、什么样的语言来体现他的真实感受。学生不难发现：五个段落中充斥着大量祈使句的运用，Zack与读者之间的互动与设问，最高级、现在进行时的被动语态、现在分词、绝对词汇以及感叹句的运用等。这些描述方式体现了整个语篇的情感递进，作者真情实感的缓慢渗透。通过主题句—关键词—文本背后的含义，不同层次的阅读活动，学生不仅能够分析语篇，而且能捕捉到积极的情感意蕴：Amazing Art can do reach out to us across the centuries as if time itself were nothing . （令人惊叹的艺术可以穿越几个世纪，出现在我们面前，仿佛时间没有流逝一般。）

从上述例子中不难发现：中心句（top sentences）和关键词（key words），是文章中心和主旨的潜在，同时也是作者感情的承载体，教师应努力引导学生以此为突破口，进行多角度思考，这是提高学生解读文本的重要方法。

（四）关注文化知识——从文化背景和价值取向入手

在平时的阅读教学中，教师应注重文化背景知识的介绍、扩充和渗透，使语言知识和文化背景知识相结合，在提高学生语言能力的同时扩大其知识面，使他们进一步了解英语国家的历史、地理、风土人情、文化习俗等知识，激发其学习英语的兴趣，提高其综合阅读理解能力。

在外研版新教材必修三 Unit 4 Understanding Idea 这篇阅读中，教材在语篇热身部分通过一个小测验检测学生对卢浮宫的了解，从读前测验来看，学生对博物馆的理解较浅，多数停留在知道有其存在这一层面，平时去博物馆欣赏艺术的机会也很少，更没有什么特别的体验。在读完语篇之后，教师可以引导学生思考一个问题，博物馆中的艺术品代表着什么，它能带给人们什么。根据这一问题进行语篇深层解读，渗透博物馆中的艺术品对人类是自然之美、想象之美、人性之美，让学生真正感受艺术的魅力。同时，教师还可以从艺术品背后的文化背景知识和不同国家不同时期的评价标准及价值取向入手，帮助学生获得对艺术深层含义的理解，增强学生学习英语的兴趣，这样有助于学生扩大视野和提高领悟英语的能力，培养学生在语言学习中的跨文化意识。

四、结语

语篇解读需要教师引导学生获取信息、处理信息和创造信息。教师需要引导学生依据具体语篇的特点，选取一个或多个视角加以解读，以实现不同的教学目标，发展学生的各项能力，培养学生的学科核心素养。而教师只有在自身对教材语篇有了深刻的、多维度的解读之后才能指引学生在主题意义的引领下，以语篇为依托，在语篇解读的过程中，促使学生语言知识和技能的学习和提升，并且渗透语言的文化知识和引导学生习得语篇解读的策略。

参考文献

［1］刘军，王晓英.高中英语新课标案例解读［M］.北京：北京师范大学出版社，2020.

［2］庄志琳.英语阅读教学中的材料处理：解读与使用［M］.杭州：浙江师范大学出版社，2011.

［3］王娟娥.初中英语阅读教材文本解读例谈［J］.教育实践与研究，2013（35）：27-29，47.

［4］方亚君.初中英语阅读教学的反思与探新［J］.宁波教育学院学报，2010，12（3）：128-130.

［5］杨芳.基于文本解读的英语阅读课活动设计［J］.中小学外语教学（中学），2016，39（9）：53-57.

［6］黄小燕.高中英语文本解读维度的构建与运用［D］.杭州：浙江师范大学，2014.

［7］陈爱云.牛津版与人教版高中英语教材的比较研究［D］.上海：上海师范大学，2010.

| 甘岑瑜 |

——四川省彭州市敖平中学

关于不同能力水平下高中生语篇分析
策略使用的差异研究

随着教育背景下"三新"（新教程、新教材、新高考）的实施和推进，"语篇分析"渐渐成为英语教学中的热点词汇。据统计，以"语篇分析""语篇分析策略""阅读教学""高中英语"为关键词及其组合在中国知网上进行搜索，文章总数量达9246篇。《普通高中英语课程标准（2017年版）》指出："语篇不仅为学生发展语言技能和形成学习策略提供语言和文化素材，还为学生形成正确的价值观提供素材。"作为高中英语教学中举足轻重的组成部分，以语篇为载体的阅读教学对落实英语学科核心素养具有关键性意义。然而，停留在语篇浅层信息的高中阅读教学是远远不够的，唯有进行语篇分析，才能挖掘出语篇潜在的价值，进而促进学生的深度学习。

当下和"语篇策略分析"相关的研究，大多是从教师的视角出发，探讨教师如何依据语篇分析的一些理论或者相关方法，帮助学生理解讲授的语篇，迁移新的语篇，最终实现思维培养的目的。一般说来，教师希望传授给学生的语篇分析策略，无论是"量"还是"质"，总是大于学生最终实际掌握的语篇分析策略。这不禁让教师思考：目前，学生掌握了哪些语篇分析策略？不同水平的学生使用策略时是否有差别？如何根据以上差别因材施教？因此，笔者从学生的角度出发，以不同语言能力水平作为自变量，探究高中学生语篇分析策略使用的异同点，以期为高中英语阅读教学带来一定的启示与思考。

一、语篇分析与语篇分析策略

程晓堂（2005）提出"语言即语篇"。Winddowson（2012）指出，"语篇是文本体现作者的意图和文本对文本读者的意指这二者的结合"。国内外学者对"语篇"内涵的认识存在颇多相似之处，结合前人研究，笔者认为，语篇是处于一定语境中由相互关联的语段或者句子所构成的语言整体，其目的为表意，具有较强逻辑性、连贯性的内部特点。而"语篇分析"一词最早是由语言学家 Harris（1952）提出的，随后，Halliday和Hasan（1976）使"语篇分析"的研究得到进一步的发展。胡壮麟（1994）认为，语篇分析是一个产出意义的过程，包括厘清作者意图和语言的构造。黄国文（2001）指出，读者可以在语篇分析的过程中更加深刻地领会语言的使用方法。根据前人研究和本研究的关注重点，笔者认为"语篇分析"是以语言材料为基本单位，通过从整体上把握语篇体裁、分析作者写作过程和意图，深挖语篇深层逻辑，实现与书本、读者和外界的有效交互。

鉴于在本研究中，笔者关注的是语篇分析、语篇分析策略与阅读教学相结合的研究，在查阅文献时，主要梳理了国内外的相关研究成果。按照内容可以大致将其分为以下四个方面。

第一，语篇模式研究。Padilla（2016）通过个案的对比研究，发现不同结构模式的语篇会对学生产生不同的影响，因此，在阅读教学中教师应清楚地对学生进行语篇结构分析的指导。

第二，语篇体裁分析研究。路晓琴（2010）结合教材实例，分析语篇体裁与语篇分析在大学英语教学中的运用。Duck等人（2012）通过将阅读目的与体裁分析相结合，总结出语篇体裁分析的三条策略。

第三，语篇的衔接与连贯研究。Lehman和Schraw（2002），通过在阅读课堂教授学生语篇的衔接手段，最后发现语篇衔接分析能够促进学生对文本的深度理解。陈旸（2012）研究了语篇分析中的衔接关系和衔接手段对于翻译教学的影响。

第四，语篇语境分析研究。曹秀平（2013）从文化语境、情景语境、语篇语义潜势等方面探讨构建听力语篇认知模式。Clark（2017）发现在阅读教学中非常有必要渗透社会文化，其有助于提升学生的词汇记忆速度和加深阅读理解。

通过以上梳理可知，目前"语篇分析"和"语篇分析策略"的阅读教学的基本观点集中在语篇模式分析、语篇体裁分析、语篇衔接与连贯分析、语境分析四个方面。结合教学实际，这四个维度将构成本研究问卷编制的基础。

二、问卷的制定与实施

为了获悉学生在英语语篇阅读过程中"语篇分析策略"使用的情况，在前人研究的基础上，咨询相关专家和教学一线教师，制定了如附录所示的调查问卷表。问卷分为个人信息和具体题项两个部分，其中17个题项分属于4个维度：语篇模式分析、语篇体裁分析、语篇衔接与连贯分析、语境分析。所有项目均采用李克特的五级量表形式，被试者需根据自身实际情况进行填写，所有题项的选择无正误之分。其中，选项中数字"5"代表"这个句子完全符合我的情况"，"4"代表"这个句子通常符合我的情况"，"3"代表"这个句子有时符合我的情况"，"2"代表"这个句子通常不符合我的情况"，"1"代表"这个句子完全不符合我的情况"。

在正式实施问卷调查前，为了评估数据收集工具的效度和可信度，笔者邀请30名学生进行了问卷的填写，便于收集试测研究数据。这30名学生与最后参与问卷填写的学生均来自同一所学校、同一年级，且试测数据将会纳入最后的结果讨论中。在分析问卷的内部一致性信度时，采用Cronbach alpha系数，以及随后进行的探索性因子分析（EFA），两者结果佐证了问卷的信度。由于软件Amos（version22.0）在进行验证性因子分析（CFA）时有最低样本量的限制，因子分析的结果将在最终数据结果汇总里体现。

在实施问卷的过程中，笔者选择四川省彭州市敖平中学高2021级的学生作为被试，要求学生在个人信息栏中填写"成都市2021级高二上学期期末调研考试"的英语得分，并依据该分数将学生划分为高水平（HL）、中水平（ML）、低水平（LL）3个层次。总计发放问卷200份，通过纸笔填写的方式进行，回收193份完整有效的问卷，汇总试测数据，最终的样本量为319份。在用软件SPSS（version16.0）对223份的数据进行录入、整理和分析后发现，探索性因子分析（CFA）的结果基本呈现拟合（CMIN/DF=1.514；CFI=0.9；

RMSEA=0.049；IFI=0.914；TLI=0.883；GFI=0.88），问卷项目信度检验结果为Cronbach alpha=0.835。SPSS因子降维（factor deduction）结果表明，因子载荷平方和（rotation sums of squared loadings）为65.1%（KMO=0.757；df=315；Sig.<0.05），该结果可被作为进一步数据解释的前提。

三、数据分析与讨论

（一）高中生语篇分析策略使用情况

从表1的因子和项目的描述性统计结果可知，学生最擅长使用的语篇分析策略为"语篇连贯与衔接分析"（Coherence Analysis，M=4.10），"语篇体裁分析"策略（Genre Analysis，M=3.68）次之，最生疏的为"语境分析"策略（Context Analysis，M=2.50）。在"语篇模式分析"策略（Pattern Analysis，M=3.01）的使用中，项目9（我清楚叙述文的常见结构）的平均得分为2.69，低于同策略纬度下的其他项目，表明在平时输入语篇类型大多为"叙述文"的情况下，学生对叙述文常见结构的认识仍不够充分，教师还需加强针对这部分的引导。此外，项目17（我清楚欧美国家的社会文化背景）作为平均得分最少的题项，这说明在平时的阅读教学中，教师在语篇中关于背景知识的介绍还比较缺乏，导致学生无法利用相应的社会文化背景加深对语篇的理解。

表1

Factor	item	Min	Max	M	SD	Skewness	Kurtosis
Genre Analysis（语篇体裁分析）M=3.68	1	1	5	3.84	0.973	-0.637	0.018
	2	1	5	3.34	1.072	-0.059	-0.755
	4	1	5	3.59	1.067	-0.347	-0.602
	8	2	5	3.96	0.956	-0.481	-0.816
Pattern Analysis（语篇模式分析）M=3.01	3	1	5	3.66	1.149	-0.686	-0.248
	5	1	5	3.13	1.415	-0.164	-1.28
	6	1	5	2.73	1.313	0.228	-1.003
	7	1	5	2.86	1.071	0.112	-0.623
	9	1	5	2.69	1.309	0.224	-1.067

续表

Factor	item	Min	Max	M	SD	Skewness	Kurtosis
Coherence Analysis（语篇连贯与衔接分析）M=4.10	10	1	5	4.30	0.796	-1.092	1.182
	11	1	5	4.23	0.883	-1.247	1.653
	12	1	5	3.87	0.943	-0.451	-0.394
	13	1	5	4.03	0.868	-0.622	-0.065
Context Analysis（语境分析）M=2.50	14	1	5	3.08	1.272	0.039	-1.032
	15	1	5	2.14	1.223	0.862	-0.315
	16	1	5	2.62	1.218	0.22	-0.956
	17	1	5	2.15	0.940	0.694	0.305

（二）不同能力水平的高中生语篇分析策略的使用差异

笔者仍使用SPSS16.0中的单因素组内方差分析（one-way ANOVA）比较不同能力水平的学生在语篇分析策略使用方面的差异，数据结果［不同能力水平的学生在语篇分析策略使用方面的差异（$n=223$）］如表2所示。分析结果显示，"语篇模式分析"策略（Pattern Analysis）的使用在不同能力水平的学生中有显著性差异（$F_{(2, 220)}=5.45$，$p<0.05$）。Bonferroni事后检验结果说明，中高能力水平的学生较之低能力水平的学生更多地使用"语篇模式分析"策略。在另外3个语篇分析策略的使用中并未发现显著性差异。

表2

Factor	HL（$n=71$）		ML（$n=99$）		LL（$n=53$）		F（2，220）	Sig.（2-tailed）	Post Hoc（Bonferroni）
	M	SD	M	SD	M	SD			
Genre Analysis	3.01	.94	2.93	.90	2.91	.95	.23	.795	
Pattern Analysis	3.63	.97	3.55	.90	3.12	.96	5.45	.005	HL>LL ML>LL
Coherence Analysis	3.94	.80	3.87	.80	3.90	.78	.144	.866	
Context Analysis	2.16	.84	2.29	.80	2.50	.93	2.61	.076	

作为高中英语阅读教学中一种常见且重要的教学方法，"语篇模式分析"能够帮助学生更好地理解阅读材料中的主题和思路，从而从宏观层面上把握语篇。王佐良等人（1987）也指出："不论是哪个类型的语篇，都在长期使用中形成了一种特定的模式（pattern），具有一种区别于其他语篇的组织结构。"本研究中的数据分析结果同样显示，"语篇模式分析"策略的使用能够促进学生对语篇的理解。因此，笔者认为，不同类型语篇中内容的组合方式具有自身的逻辑性和关联性，在实际教学中引导学生厘清语篇中组成成分之间的联系，是实现高质量语篇教学的一个有力保证，同时促进学生的考试表现。

四、思考与展望

语篇是体验语言运用的主要形式，基于"语篇分析"的高中英语阅读教学对于学生阅读策略的培养具有重要意义，对于浮于文本信息的"平面式"阅读教学亦是一种突破。笔者也期望本研究对于了解学生"语篇分析"策略使用情况和差异，改善高中英语阅读教学实践，贯彻学科核心素养视野下的阅读教学具有一定启示。

由于此次研究时间、实际条件以及笔者自身能力等方面的原因，本研究仍存在诸多不足。例如数据上，因子分析部分出现项目错位现象（如项目3、8），笔者认为导致此现象发生的原因在于，维度是结合文献梳理和教学实际设计而来，因子则是通过收集的数据分析而来，维度设计和因子抽取的思路无法达到完全一致，这也或许是由于数据采集、理论构建等方面的原因。但由于问卷的信效度已得到验证，可认为问卷可信且数据可用。

因此，在未来进一步的研究中，笔者考虑从提高样本的代表性、深入理论研究、增加有效数据支撑等方面深化研究，从更具体的研究视角切入，提出更加具有针对性的教学建议。

附录：

英语阅读过程中策略使用问卷调查

亲爱的同学：

您好！我们正在进行一项调查，目的是了解您在英语阅读过程中的策略使用情况，希望您能帮助我们填写此问卷。各题回答没有对错之分，请根据自己真实想法和实际做法答题。本调查结果仅做研究使用，对您提供的所有信息我们会保密。填写本问卷大约需要5分钟。谢谢您的支持与配合！

★注：以下均为单选题，请在每题后面如实选出您认为合适的选项。（切记每题都需勾选，请勿多选或漏选。）

第一部分 个人信息

1.以下是关于您的个人信息，请选出或填写有关您个人信息的情况：

性别：（1）男 （2）女	您现就读年级：（1）高一 （2）高二 （3）高三
您的最近一次联考（蓉高联）英语学科得分：	

第二部分 英语语篇的阅读过程

2.以下是对您英语阅读过程中的行为描述，主要分为语篇模式分析、语篇体裁分析、语篇衔接与连贯分析、语境分析四个板块，请在每项后选出最符合您的行为描述的数字（5=这个句子完全符合我的情况，4=这个句子通常符合我的情况，3=这个句子有时符合我的情况，2=这个句子通常不符合我的情况，1=这个句子完全不符合我的情况）。请从以下各项中选出您认为合适的选项。

语篇体裁分析

1.我能够判断出说明文	5 4 3 2 1
2.我能够判断出议论文	5 4 3 2 1
3.我能够判断出叙述文	5 4 3 2 1
4.我能够判断出应用文	5 4 3 2 1

语篇模式分析

5.我认为了解不同类型语篇的结构很重要	5 4 3 2 1
6.我能够划分出语篇的段落层次	5 4 3 2 1
7.我能够判断出语篇中段落间的关系	5 4 3 2 1

续表

8.我清楚说明文和议论文的常见结构（如情景—问题—反映—评价）	5 4 3 2 1
9.我清楚叙述文的常见结构（如总分总式、并列式、对比式）	5 4 3 2 1

语篇衔接与连贯分析

10.我清楚常见的语篇衔接词（如 and、but、then、moreover, etc.）	5 4 3 2 1
11.我清楚语篇中常见衔接词的使用目的	5 4 3 2 1
12.我能够判断语中篇衔接手段使用的好坏	5 4 3 2 1
13.我会有意识地学习语篇中的衔接手段	5 4 3 2 1

语境分析

14.我认为清楚语境将有助于语篇的理解	5 4 3 2 1
15.我能够判断出语篇作者的写作风格	5 4 3 2 1
16.我能够将语篇语境和现实语境相结合，从而促进自身的语篇理解	5 4 3 2 1
17.我清楚欧美国家的社会文化背景（如风土人情、用语差异等）	5 4 3 2 1

问卷到此结束，非常感谢您的参与和支持！

参考文献

［1］胡壮麟.语篇的衔接与连贯［M］.上海：上海外语教育出版社，1994.

［2］中华人民共和国教育部.普通高中英语课程标准（2017年版）［S］.北京：人民教育出版社，2018.

［3］曹秀平.语篇分析框架中听力理解动态认知模式研究［J］.外语学刊，2013（5）：114–118.

［4］陈旸.从功能语篇分析到翻译教学［J］.中国外语（中英文版），2012（1）：94–97，111.

［5］程晓堂.基于语篇的语言教学途径［J］.国外外语教学，2005（1）：8–16.

［6］黄国文.功能语篇分析纵横谈［J］.外语与外语教学，2001（12）：1–4，19.

［7］路晓琴.大学英语教学中的语篇体裁与语篇模式分析［J］.嘉兴学院学报，2010（2）：125–128.

"课程思政"视域下"情感支架"在高中英语阅读教学中的应用研究

阅读是英语教学中举足轻重的一部分，传统的阅读教学大多从"应试"的角度出发，教师关注语言知识层面、阅读应试技巧较多。当前我国的社会发展和经济建设对人们的外语素质提出了更高的要求，同时，和以往的课程标准对比看来，《普通高中英语课程标准（2017年版）》（以下简称《课标》）有一个显著特点，即除了重视发展学生的学科能力，还凸显了课程立德树人的价值，培养和发展了学生的学科核心素养，丰富了英语课程的内涵，使英语课程从单一的语言技能训练提升到培养"全面发展的人"的高度，即培养具有中国情怀、国际视野和跨文化沟通能力的社会主义建设者和接班人。

一、当前高中英语阅读教学的趋势要求

在实际的高中英语阅读教学中，教师可以发现相当一部分学生的阅读积极性较低，往往需要强制性手段才会参与到阅读中，一些学生在考试中做阅读部分题目时就是靠碰运气。这不禁让教师思考，如何在外部情况相同的前提下，让学生主动积极参与到课堂阅读教学活动中来，甚至主动进行课外的阅读，这就需要让学生明白英语不仅仅是一堆单词、短语和语法的堆砌，文字作为语言表达的载体，背后所真正蕴含的应该是意义、逻辑和情感。

教学作为道德性实践，课堂教学需要求真、崇善与尚美。阅读作为落实高中英语课程目标、实现课程育人目标的重要路径，语篇是高中英语课程内容的主要载体。目前阅读教学中的过度"知识化"和"模式化"导致难以彰显英语

学科的育人价值，立德树人的目标难以实现。"课程思政"的核心是指思想教育不应该限制在某一学科或者某一堂课中，而是要随时与多学科融合合力对学生的思想政治产生积极影响，向着实现社会主义教育的本质目标迈进。因此，在教学过程中，"课程思政"视域下的高中英语阅读教学侧重以知识学习为载体，引发学生的思考和发展学生的思维能力，即需要教师带领学生依托语篇主题、识别情感态度，注重培养学生的语篇解读能力。此外，也需要教师在关注"what""why""how"的同时，思考"where"的指向性——课时的目标、单元的目标、教材的目标、学科的目标和育人的目标。

二、"情感支架"在语篇分析中的应用途径

在建构主义理论的指导下，以维果斯基的"最近发展区理论"为基础，认知心理学家布鲁纳提出支架式教学（Scaffolding Instruction）。他认为支架教学就是在课堂中以学习者的现有认知水平为基础，教师或同伴为学习者提供支持，以帮助其实现最近发展区的跨越，随着过程中学习者认知水平的提高，逐步实现学习者的自主学习，而这种"支持"就是"支架"，用以实现学生认知层次的发展。目前，国内外学者对"支架"的分类虽然不尽相同，但都为教学中的支架类型提供了重要的借鉴价值，笔者根据研究需要，参考了叶文红（2010）的"支架"分类，将"支架"分为目标支架、动机与情感支架、认知结构支架和认知策略支架。她认为，美是最原始、最无穷、最具有号召力的力量，教育中的审美情趣有助于语篇文本意义的升华。笔者认为，从微观意义来讲，情感支架是单元的情感目标；从宏观意义来讲，情感支架是支架式教学中影响力最根本、最持久的支架，有助于实现语言教学的根本目的——传递精神价值和人文内涵。在实际的运用过程中，"情感支架"的使用特点应为动态的、多样的、可调整的、降频的。基于前人的研究，笔者将自身对"情感支架"在支架式教学中的实际运用过程分为四个环节：确定最近发展区，制定单元情感目标；搭建支架，情景融入；合作探究，独立探索；效果评价。下面笔者将以人教社2019年版普通高中教科书英语必修第三册第四单元"宇宙探索"（Space Exploration）中的阅读语篇"Space：The Final Frontier"为例，对这四个环节进行详细介绍。

（一）确定最近发展区，制定单元情感目标

确定学生的"最近发展区"和制定单元、课时的情感目标通常在备课阶段进行，是支架式教学模式中非常重要的环节。最近发展区的确定决定了学习任务的选择和支架搭建的切适度，以笔者所任教的彭州市敦平中学高一学生为例，上学期末成都市调研考试班级英语平均分为70多分，学生英语基础相对薄弱，虽然对本课时话题——太空探索充满了好奇心，学习的热情和积极性也相当高，由于知识面狭窄，对太空探索的历史和成就及其意义和价值并不清楚，这方面的词汇储备也相当有限，表达也存在困难。因此，本课时选择人教版必修三、四单元的课文对学生进行相关的补充阅读训练。对于本课时的教学，教师需要从"what、why、how、where"四个方面着眼考虑"情感支架"的运用。

关于"what"，本课时的主题是：人与自然——太空探索。内容以时间为线索，介绍人类探索太空的发展历程及重大历史事件，详细阐述了人类为探索浩瀚的宇宙付出了怎样的努力（包括宇航员在探索过程中所付出的生命代价，但是失败和挫折并没有使人类停下探索太空的脚步），我国在太空探索领域所取得的辉煌成就以及对人类太空探索事业的贡献，从而激发学生探寻人类太空探索背后所蕴含的重要精神。关于"why"，本课时通过阅读该语篇让学生了解人类探索太空的发展历程及重大历史事件，从而引起学生思考探索太空的意义和价值所在，增强民族自信心，学习其中的优秀品质，树立远大目标，体会到人类太空探索中所蕴含的精神内涵。关于"how"，该语篇类型是科普文，文章按照时间顺序简要介绍了人类探索太空的历史，运用时间线、数据、转折词（however/but/although/despite）等准确、客观且生动地展现人类进行太空探索的过程。教师通过仔细研读语篇和设置有效任务，帮助学生识别语篇类型、提炼语篇主题、挖掘航天精神以及树立个人正确的价值观和远大目标。基于以上分析，本课时的"情感支架"在"where"层面上可体现为：通过图片激活学生的旧知，学生在好奇心的驱动下获取、梳理语篇结构和文本大意，形成对文本内容的初步感知；联系语篇的新知，根据文中给出的重要时间点感知人类太空探索的不易；发展新知，升华语篇中体现的航天精神。

（二）搭建支架，情景融入

构建了完整的教学框架之后，需要进行具体的"支架搭建"。语篇解读是读者对语篇的意义与形式进行深层加工和意义建构的过程，具体包括对语篇的主旨、主要内容、作者意图等进行深入分析与解读的过程。语篇解读搭建的"情感支架"可以按照复杂度进行排列，语言层面最为简单，这是一个输入的过程，只需学生按照教师给出的"图示支架"激活学习情境，学生能够在梳理文章大意的前提下，获取和理解每段主题句和关键词，并从整体上感知文章的中心思想。通过搭建支架，尽可能将复杂的学习任务进行分解，实现对学生的层层引导。如在给出的"图式支架"中，为了便于学生的输出，可在图片上进一步详细标注Apollo 11 Moon Landing，Challenger after disaster，Jade Rabbit。对于基础薄弱的学生，在学生回答有困难时，可适当降低问题难度，如Where is this man？（S：He is on the moon.）What is he doing？（S：He is moon landing.）Is this a real rabbit？And what is it？并对重要单词进行勾画，如moon landing、disaster、rabbit，然后再过渡到最后一个问题：What do they have in common？What do you expect to read in the text？以此为基础，在进行快速阅读时，可给学生明确指令："Please check your predictions while reading."只有带着目标阅读，才能充分调动阅读的积极性，从而达到预期效果。此时在创设的情景中，当学生对语篇内容有了一定了解时，进而对每段进行中心句和关键词的梳理，但需注意段落间的衔接，因为流畅的过渡不仅会为课堂表现加分，这也是对课文内涵的剖析，层层递进，更易使学生深刻领会课文的脉络与精神。如Para. 2 & 4到Para. 3，可加合适的过渡："However，is there only success during human space exploration？"从Para. 3到Para. 1："With so many difficulties in front of us，what on earth do we have to do such exploration？"从Para. 1到Para. 5："With the spirit of space exploration，what about our future？"语言不是静态、抽象的文字符号体系，而是思维和文化的外化。引导学生透过文字探寻背后的深意，厘清文章背后的文字逻辑和思维逻辑，通过提问和引导回忆的方式，引导学生再次读文章，融入语篇情景，完成语言和情感的双重构建。

（三）合作探究，独立探索

在完成"支架搭建"和"情景融入"之后，学生对语篇内容和逻辑思路有了较为深刻的认知与理解，在一定程度上能够通过合作探究的方式提出问题、思考问题和解决问题。可设置两个小组讨论活动，一是Para. 2和Para. 4精读梳理之后，结合"神舟十三号"载人飞船的基本信息，模仿文中的表达，对其进行介绍，此任务还可作为家庭作业进行延伸，让学生进一步收集相关信息对介绍短文进行补充和润色，实现课堂和课后的有机联动；二是在课堂最后的总结升华部分，让学生三读文章，小组讨论可以找到的太空探索精神。但在组织小组活动的过程中，教师需合理安排每组学生的水平，尽量混搭，让人人都参与进来，讨论可通过取长补短的方式帮助学生更好地巩固新知，为"支架"的移除做准备，赋予学生更多的主动权。此时，在前期的铺垫下，教师使用"情感支架"引导学生领会文章内涵的频率已经大幅度减少，但也可在讨论巡堂的过程中适量增加支架，对学生进行合理指导，在语言学习活动中逐步实现英语学科的育人价值。具体的操作实施路径可通过图1实现，在梳理行文时间线、深挖语篇内涵的过程中，进一步培养学生的语篇解读意识和能力，使学生真正成为学习的主人。

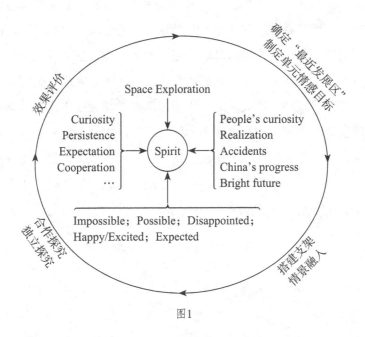

图1

（四）效果评价

在学生完成合作探究和独立探索之后，教师有必要让学生对课时成果进行总结和分析，正常的评价可分为过程性评价和阶段性评价，本课时是作为补充阅读训练，因此可只运用过程性评价表进行参详。其主要内容包括知识与技能、认知与思维、情感态度与文化知识、学习态度与方法四部分。同时，教师可根据学生的自评和互评，对自身的教学进行评价，及时发现教学设计中的问题与不足，着重关注教学目标的完成度，师生共同的效果评价体系能极大地提高"支架式"教学的指向性，从而使"情感支架"的价值得到最大限度的体现。此外，中共中央、国务院印发的《深化新时代教育评价改革总体方案》中强调，要坚持把立德树人的成效作为根本标准。"课程思政"视域下的教育评价应该关注语言任务的完成过程，并以此为载体实现英语学科核心素养的提升。

三、结语

长久以来，英语阅读始终贯穿英语教学的始终，并在其中占有中心地位。随着新课改、新课标、新教材在四川的持续深入推进，给教师和学生带来了不小的挑战，"支架式教学"模式作为目前较为先进的教学模式之一，已经在多次实践和打磨中变得愈加成熟与稳健，但"教无止境"且"教无定法"，如何利用"情感支架"实现从文字意义到内容意义的飞跃，完成立德树人的终极目标，还需众多一线教师、研究者们的不断探索。正如我国古代的教育家孔子在《论语·雍也》中提到的"知之者不如好之者，好之者不如乐之者"，学习可分为"知学、好学、乐学"三个层次，从平时的阅读教学积累，让学生完成学习层次的转变，实现"教是为了不教"，实现学生思维的进阶，培养文化自信和家国情怀，才能真正完成新时代赋予英语学科重要的育人任务。

参考文献

［1］Stern H. 语言教学的基本概念［M］. 上海：上海外语教育出版社，1999.

［2］中华人民共和国教育部. 普通高中英语课程标准（2017年版）［S］. 北京：人民教育出版社，2018.

［3］鲁子问，康淑敏.英语教学方法与策略［M］.上海：华东师范大学出版社，2008.

［4］陈君.德性课堂教学的内涵、表征及构建［J］.课程·教材·教法，2020，40（8）：60-65.

［5］陈君，肖力."课程思政"视域下的高中英语阅读教学实施路径研究［J］.海南师范大学学报（社会科学版），2021，34（5）：54-61.

［6］程亮.教学是麦金泰尔意义上的实践吗［J］.教育研究，2013（5）：119-128.

［7］胡洁元.例谈支架模式在读写教学中的运用［J］.中小学外语教学（中学），2012，35（10）：1-5.

［8］王蔷，钱小芳，周敏.英语教学中语篇研读的意义与方法［J］.外语教育研究前沿，2019（2）：40-47，92.

［9］叶文红."支架式教学"与高中英语教学［J］.考试周刊，2010（8）：118-120.

［10］王源帅.高中英语阅读教学中"支架式"教学模式的应用研究［D］.济南：山东师范大学，2014.

付小芳

——彭州成都石室白马中学

"三新"背景下高中英语阅读教学基于语篇分析的主题意义探索

——以 "A Game for the World" 为例

一、高中英语阅读教学基于语篇分析的主题意义探索的必要性

（一）落实高中英语课程标准的必然要求

《普通高中英语课程标准（2017年版）》（以下简称《课标》）中明确规定："语篇是语言教学的主要载体。语言学习者主要是在真实且相对完整的语篇中接触、理解、学习和使用语言，因此，语言学习不应以孤立的单词或句子为单位，而应以语篇为单位进行。教师应有意识地渗透有关语篇的基本知识，帮助学生形成语篇意识、把握语篇的结构特征，从而提高理解语篇意义的能力。"语篇是阅读教学的基础，通常来说，这些选编于教材中的语篇，在培养学生的综合语言运用能力，促进学生形成正确的情感、态度、价值观等方面具有重要价值和意义。然而，传统意义上的阅读教学过分关注词汇、句子、语法等语言知识，导致语篇于阅读教学的价值与作用没有得到充分体现和利用。语篇表层文字所承载的往往总是基础性的语言知识和一般性的观点意义，真正的精华还是在于探索语篇背后蕴藏的主题意义。以语篇为载体，深度挖掘文本背后的深意，培养学生的语篇分析能力，促进学生综合素养的提升。

（二）培养英语学科核心素养的现实诉求

《课标》指出，普通高中英语课程的总目标是全面贯彻党的教育方针，培养和践行社会主义核心价值观，落实立德树人根本任务，在义务教育的基础

上，进一步促进学生英语学科核心素养的发展，培养具有中国情怀、国际视野和跨文化沟通能力的社会主义建设者和接班人。基于英语课程的总目标，普通高中英语课程的具体目标是培养和发展学生在接受高中英语教育后应具备的语言能力、文化意识、思维品质和学习能力。指向学科核心素养培养的英语学习活动是提升学生学习能力的主要途径，学生在主题意义引领下，通过学习理解、应用实践、迁移创新等一系列体现综合性、关联性和实践性等特点的英语学习活动，学生基于已有的知识，依托不同类型的语篇，在分析问题和解决问题中，促进自身语言知识学习、语言技能发展、文化内涵理解、多元思维发展、价值取向判断和学习策略运用。

（三）高中英语教学现状的实际需求

目前，高中生总体阅读能力水平的现状并不理想，相当大一部分学生难以达到课标的要求。现有阅读教学模式偏向于对词汇、短语、句型、语法等语言知识的灌输。教师在进行阅读教学时，未能充分关注到语篇的作用与意义，教材上的阅读材料并未得到充分利用，其内涵和魅力并未得到充分地挖掘，学生在阅读课上并未能得到实质意义上的技能训练和提高。

二、高中英语阅读教学基于语篇分析的主题意义探索的实施途径

下面笔者将结合外研社2019版教材必修二Unit 3 Understanding Ideas "A Game for the World"的教学，探索在教学实践中基于语篇分析的主题意义的实施路径。

（一）分析教学内容，明确规划目标与思路

进入新高考阶段，四川省从2022级开始将全面使用新教材，这意味着所有相关专家和一线教师需要在《课标》的指导下认真钻研教材，甚至转变思路和教法。从笔者工作以来参加的教研培训或研讨活动中发现，新教材的选材更加新颖，编排更加丰富，涉及大量的背景知识，每一篇的选材都更加精妙，且单元的整体性进一步加强，每一部分都环环相扣，亟须教师认真研读，梳理单元整体内容排布，并为不同的环节设置相应的教学目标。学习内容的联结整合以语篇整体分析和深度理解为前提，深入解读主题、内容、文体结构、语言特

点、作者观点等，对确立教学目标、设置教学活动、优化教学评价有重要作用。教师要善于捕捉语篇要点，透过表面信息挖掘语篇内在的逻辑结构和潜在意蕴，理解各个信息点之间的相互关系，将孤立的知识串联起来，以确定整体教学方向，明确各阶段活动要求。

Unit 3 的主题语境是"人与社会"，涉及的主题语境内容是体育运动和健康的生活方式。"A Game for the World"一文为说明文，分析了足球在全世界流行的原因。文章的整体结构清晰明了，通过举例说明的方式学生了解了足球的相关历史和受欢迎程度，风靡全球的原因，以及重要性。综合以上分析，笔者拟定了本节课的教学目标，本节课后，学生能达到以下目标。

（1）梳理文章结构，了解议论文的论点和论据等要素。

（2）准确根据要求或依据找到对应的细节信息，进行总结或归纳。

（3）了解足球流行的原因，并体会足球运动背后的深层含义。

据此，笔者整体规划教学思路：以突出并落实主题意义、促进语言习得与能力提升为着力点，通过视听、阅读等活动辨析足球受欢迎的原因；结合所学所感进行讨论表达，挖掘足球运动背后的精神，探讨价值意义；结合思维导图、图片、视频等多模态形式强化要点认知；借助多维问题检测目标达成情况。

（二）结合学情特点，进行针对阅读设计

高考的阅读题型大体分为细节理解、推理判断、概括大意、观点态度以及猜测词义五大类。笔者在日常教学中发现学生最容易出错的是细节理解和推理判断这两种题型，与此同时，概括大意也是一大痛点。其实阅读的五种题型相辅相成，所有题目围绕文章的主旨展开，细节理解考查学生对信息的提取和分析能力，而推理判断和概括大意这两种题型主要考查的则是学生对信息的整合分析能力。如果不能对文章的整体内容构建清晰的脉络框架，且不能明确其主题意义，那么这三类题型对学生而言就存在一定难度。因此，笔者认为在日常的教学中应该注重文本分析，培养学生抓取关键信息、挖掘文章主题意义的习惯和能力，让学生在脑海中对文本构建一个清晰的脉络框架。

在"A Game for the World"一文的教学中，笔者在导入部分通过播放世界杯歌曲以及小组PK活跃课堂气氛，激发学生对学习的兴趣。读中活动一通过fast reading让学生将全文分为三个部分并找出每一部分的主旨大意，这一步让学生对全文有了一个清晰的框架认知，训练了学生的关键信息读取能力。活动二则是 careful reading，让学生分部分阅读，完成阅读任务，这一环节培养了学生抓取文章重点、分析文章细节的能力。在教学过程中，笔者发现学生完成鱼骨思维导图（见图1）的困难最大，说明学生对关键信息的提取和概括能力有待进一步提高。刚开始笔者用的是教材附带的挖空图（见图2），后来认为该图在考查学生提取、概括信息能力方面稍显不足，为了更好地锻炼学生的信息整合能力和帮助学生深刻理解课文，笔者决定采用鱼骨思维导图，这也为后期主题意义的探究打下了基础。

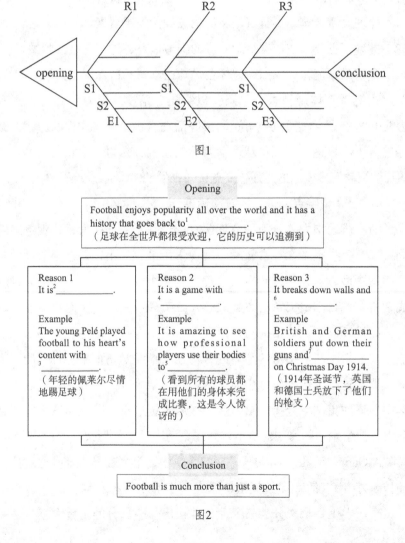

图1

图2

（三）聚焦主题意义，深挖语篇内核与价值

主题意义直接影响语篇理解、思维发展和语言学习。如果教师只关注语篇的语言知识等表层形式，则很容易忽视其表意功能和育人价值。因此，教师应以语篇为载体，引导学生深入阅读，挖掘理解语篇主题意义，促使形成正确的价值观念。

要准确把握语篇内容及其所蕴含的育人价值，促成好的教学实践，保障学科核心素养落地，教师应引导学生概览语篇，结合标题、配图、行文等，探究、确定主题意义，融主题意义于教学实施与评价，内化语篇所传递的思想内涵与价值取向。

经过前面的学习和铺垫，学生对足球（如足球规则、足球明星、足球受欢迎的原因等）已经有了一定的了解，因此笔者在读后活动中设置两个问题。

（1）Give more examples that football is a matter of_____and_____.

（2）Make a list of football spirits.

问题旨在激发学生的思维，通过举例探究和头脑风暴学生能够进一步挖掘文本背后隐藏的深意。挖掘过程中教师可以通过提示结合文章标题"A Game for the World"思考Why football is important for the world？（为什么对于世界来说足球如此重要？）以及理解文章中Bill Shankly说的"I can assure you it is much, much more important than that."［我可以向你保证，他（足球）比那个（生死）重要得多。］这句话帮助学生理解语篇背后超乎足球游戏本身的东西——足球精神。

最后，further-thinking 环节让学生小组讨论对语篇最后一句话"This might sound funny, but one only has to think about the Earth to realise that our planet is shaped like a football."（这听起来可能很有趣，但人们只要想到地球，就会意识到我们星球的形状就一个足球。）的理解，这一步就能将语篇所传达的思想内涵和价值观念内化并实践。将足球和人类命运联系在一起，由表入里，彻底深化语篇的主题意义，有效促进学生对篇章的深度理解以及树立正确的价值取向。

三、结语

笔者结合教学实践，探索了基于语篇分析的主题意义探索的必要性和具体实施路径。笔者认为主题意义的探索能有效促进学生对语篇的理解，深度挖掘语篇背后的深层含义，潜移默化形成正确的思想观念和价值取向。为了有效探究语篇的主题意义，教师应依托文本，科学设置问题，由浅入深、循序渐进，引导学生进行主动思考和探究，有目的地训练学生的思考能力，信息提取、分析和整合能力。

参考文献

［1］中华人民共和国教育部．普通高中英语课程标准（2017年版）［S］．北京：人民教育出版社，2018.

［2］林小燕．指向深度学习的初中英语阅读教学．［J］．中小学外语教学（中学），2022（1）：9–14.

袁媛

——彭州成都石室白马中学

基于议论文文体特征，深入解读语篇内涵

议论文语篇结构一般由三部分组成：陈述与论点相关的背景知识；围绕论点展开论证；强调或升华论点。基于语篇分析的相关内容，教师应从议论文的语篇内容、语篇结构和写作意图等视角来设计阅读教学。下面笔者将通过对语篇分析视域下议论文阅读教学课例做展示与分析。

本课教学内容为外研社高中英语第二册Unit 3 Understanding Ideas（理解的想法）板块下的"A Game for the World"《足球世界》。该文本是一篇关于足球在全世界流行的议论文，主题语境是"人与社会"中的"体育活动，大型体育赛事，体育与健康，体育精神"，话题是"文娱与体育"，主要内容为分析足球在全世界受欢迎的原因以及足球背后所代表的体育精神。

一、教学目标

经过本节课的学习，学生能够厘清文章结构，了解议论文的论点和论据等要素，准确根据要求或依据找到对应的细节信息，进行总结或归纳。同时了解足球流行的原因，并体会足球运动背后蕴含的体育精神。

二、教学过程

（一）关注议论文标题，感知语篇主题

在导入环节，教师可以围绕语篇主题，充分利用视频、图片、文章标题、首尾段等信息，创设情境、激活已知、提出问题。本节课前，教师先播放一段2010年南非世界杯的主题曲，激起学生对课本话题背景知识的兴趣。随即以小组PK的活动形式检测学生对足球的了解程度，充分调动他们的课堂参与度。

接着，教师呈现课本插图，引导学生关注议论文的标题"A Game for the World"，针对标题，教师提问如下。

（1）What does "A Game" refer to? （"游戏"指的是什么？）

（2）What does "for the World" mean? （"为了世界"是什么意思？）

设计意图：议论文标题通常反映语篇主题。教师引导学生关注标题，解释重点词汇，从而帮助学生初步感知"A Game for the World"的含义。同时，借助课本插图可以帮助学生直观了解足球广受欢迎的程度，为学生阅读并领会足球精神奠定基础。

（二）阅读语篇，分析观点与论据，理解内容与结构

引入话题后，教师设计一系列的阅读活动，帮助学生理解作者提供的论据及其内在逻辑关系，并从语篇体裁的角度理解议论文的观点、内容与结构，从语篇功能的角度理解其含义与写作意图。教学活动如下。

Activity 1：Read and match（阅读并匹配）

首先，教师要求学生速读全文，并引导他们关注文本段落的首句，从而快速获取段落大意。读后对文章进行段落划分并完成配对活动（如图1所示）。这一活动不仅让学生明白了段落首句的重要性，也初步感知了语篇结构。

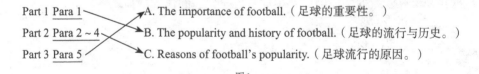

图1

Activity 2：Read and finish the fish bone mind map（阅读并完成鱼骨思维导图）

了解了课文大意和框架后，教师聚焦语篇的第2～4段，提问："Why is the football so popular all over the world?"（为什么足球在全世界如此受欢迎？）引导学生细读文段，并寻找出相关支持的论据和实例。同时，采取小组分工合作的形式让学生完成鱼骨思维导图，培养学生获取语篇细节信息和对已有信息进行推断的能力。

设计意图：教师通过提问，引导学生关注段间、段内的关键句，帮助学生学会利用阅读策略捕捉关键信息，梳理语篇具体内容。

（三）巧设问题链，深入解读语篇

有效的问题链有利于引导学生层层递进地理解语篇。针对议论文文体，教师可以设计不同层次的问题，帮助学生梳理语篇信息、理解语篇内涵、分析推断逻辑关系等。

首先，教师呈现出对全文分段后的框架图，引导学生再次感知文章结构。其次，教师鼓励学生基于自身阅读感受，分享自己对足球运动的评价。随后，教师根据文章最后一段"Some people believe football is a matter of life and death，I am very disappointed with that attitude. I can assure you it is much，much more important than that."（有些人认为足球事关生死，我对他们的态度很失望。我可以向你保证，足球比生死重要得多。）引导学生思考足球超越本身运动之外的价值。学生也给出了如"respect""enjoyment""equality"等不错的观点。

最后，教师播放2022年卡塔尔世界杯的宣传视频，引导学生思考世界杯的会徽和大力神杯之间的共通性，升华出全球一体，共同进步发展的主题。

设计意图：教师设计层层递进的问题，从识记类问题到领会理解类问题，再到推理判断和分析评价类问题，引导学生分析足球的价值以及体育运动的积极意义，从而深化对主题意义的理解。

（四）以课后作业进一步落实并加强学生对语篇主题的理解

在课后作业中，教师可以创造有意义且有挑战性的情境，帮助学生创造性地解决问题，表达观点和态度，建立正确的人生观和价值观，促进能力向素养转化。本次课的课后作业设计以本文的结构为依据，介绍学生各自最喜欢的体育运动。这种以写作输出的形式可以有效地帮助学生进一步深化理解文章主题与意义。

设计意图：教师创设情境，引导学生将所学知识应用到真实情境中去解决实际问题。学生在此过程中，通过对语篇主题的深入理解，完成学后的写作输出。

三、教学反思

（一）把握主题语境，深入解读语篇

语言教学应紧紧围绕语篇展开，教师对语篇解读的深度决定了阅读教学的深度。在教学中，教师应把握语篇主题，深挖语篇结构、段间逻辑关系、作者情感态度等信息。此外，还要充分考虑中学生的社会生活经验与身心特点，将

观点接受的过程视为主题探讨的过程，让学生在理解、内化的过程中提升思维能力和提高问题解决的能力。

（二）设计多级活动，培养高阶思维

阅读教学应指向高阶思维品质的提升，让学生经历筛选、整合、分析、评价、交流、创造、表达、解决问题等多重思维活动。本课教学中，教师设计了多层次的活动，通过层层递进的活动，引导学生关注语篇的关键信息和核心思想，培养学生逻辑性思维和批判性思维。

（三）创造真实语境，促进迁移创新

议论文阅读教学不仅是帮助学生获取和归纳语篇信息的过程，还是在语篇主题意义下引导学生形成独立见解的过程。议论文语篇的读后活动不能只重形式，还应基于主题语境，设计指向学生发展和问题解决的活动。本课课后作业中，教师要求学生通过写自己最喜欢的体育运动，将所学知识迁移运用到实际情境中，解决实际问题，从而进一步理解体育精神。

四、结语

运用语篇分析理论开展英语议论文阅读教学，其实就是从原来只关注语言理解和词句、语法学习等知识层面的教学，转向关注培养学生语言运用能力、思维能力、文化素养能力等的教学。它倡导教师多层次、多角度研读语篇，从语篇体裁结构、语言特点、主题意义、功能价值等多角度切入，设计语言学习活动，让学生在理解的基础上深刻领会语篇是如何构成的、主题是如何生成的，从而有效地促进学生学习能力的发展。

参考文献

［1］中华人民共和国教育部.普通高中英语课程标准（2017年版2020年修订）［S］.北京：人民教育出版社，2020.

［2］黄国文.语篇分析概要［M］.长沙：湖南教育出版社，1988.

［3］王春晖.英语教材语篇分析须把握的几个要义：以人教版中学英语教材为例［J］.教学月刊·中学版（教学参考），2019（3）：3-7.

［4］程晓堂.基于语篇分析的英语教学设计［J］.中小学外语教学（中学），2020（10）：1-8.

赵懿

——彭州中学

高中英语语篇解读教学策略研究

——从文本到思维

　　高中学生在阅读英语文章时，只将目光聚焦在文章本身，先找生字词，再翻译句子，然后翻译段落，每一个段落翻译完之后，总结出文章主旨，这是他们习惯的阅读方法。通常，学生运用惯常的阅读方法读完文章后，算是完成了一项任务，便把文章丢在一边，开始阅读新文章。从表面上来看，学生的阅读量很大，但能记住的文章甚少，而且这些文章似乎也并未对学生有什么启发。阅读不能仅局限于某一篇文章的阅读，还应养成阅读思维，教师要调整教学策略，从培养学生综合思维出发进行语篇解读教学。

一、高中英语语篇解读教学现状分析

（一）注重句子意思的理解，不能运用整体思维把握文章内涵

　　语言环境对语言学习者来说是重要的，没有特定的语言环境，学生只能通过想象创造语句、假设场景和人物，他们往往站在自己的思维角度考虑事物的发展进程，大多凭主观推测。然而人与人的思维相差甚远，学生的想象和实际情况很少吻合。可见，想象中的语言环境对学生学习语言来说并未起到理想的效果。这或许正是语言环境的缺失所造成的结果。事实上，高中学生的英语基础相对薄弱，单词不会读、语法不理解、句子翻译不准确，英语教师也为解决学生基础问题使用了许多教学方法。在进行语篇教学时，带着学生一字一句地分析句子意思，比如《英语》新标准选择性必修一 Unit 1 Laugh Out Loud!（大声笑）中的课文 "The Benefits of Smiling and Laughing"（《微笑和大笑的好

处》）这篇文章有很多专业术语。教师认为学生不能理解专业术语就无法理解句子意思，更不能读懂文章。因此，教师往往会选择先带着学生学习这些专业术语，再将其放在句子中翻译，理解每一句话的意思。学生虽然理解了单个句意，但整体连接起来又不能读懂文章的内涵，这种教学方法只教会学生翻译句子，但未教会学生以整体性思维把握文章内涵和通过理解语篇去推测词意。

（二）依赖教材呈现单一性，未能与课外知识结合

英语教师教授学生阅读文本时，一节课都带着学生阅读教材上的文本，基本上没有课外知识的扩充部分。或许是教材上的篇章太长，教师希望学生完全理解本篇文章，一节课要讲的内容很多，讲完整篇文章已经接近课程结尾了，根本没有时间扩充课外知识；也或许是教师认为教材内容权威性强，学生只要掌握了课本内容就能完成各种测试，而且课堂上如果扩充课外知识，就会分散学生的注意力，导致教学效果不佳。无论出于哪种考虑，教师都是以教学目标为中心，忽略了学生的主体能动性。事实上，在进行语篇解读讲解时，适当扩充课外知识，不但不会延误学生的学习进程和分散学生注意力，反而能提高学生学习效率，培养学生发散性思维，扩充其知识面。

二、高中英语语篇解读教学方法——从文本到思维

语篇承载语言学习的主题、内容和情景，并以其特有的内在逻辑结构、语言形式和文体特征组织与呈现信息，服务于主题意义的表达。基于语篇解析的高中英语教学，包含阅读、完型和语法填空等以语篇形式呈现的教学形式载体，都应注重语篇的多元解读，充分挖掘潜在价值，丰富学生的阅读活动，帮助他们完成从整体理解到厘清文本组织结构与逻辑形式，再到通过理解主旨大意进而领会作者的观点态度与思想感情的层层深入。同时，鉴赏文本修辞手法与作者的写作技巧，最终能够在语言知识、文化意识、思维品质等方面获得发展。教师应以语篇分析的六个维度引领学生进行语篇分析，充分利用文本，促进语篇解读的有效教学（见表1）。

表1

语篇分析视角	解读意图	语篇分析基本内容
分析语篇作者	明确写作意图、了解语篇写作的背景知识	作者的基本信息、创作的特定背景、标题所传达的写作意图与主旨大意、作者的核心观点与情感特征等
分析篇章模式	分析文本体裁特征，把握篇章结构特点	语篇的篇章模式（一般—特殊型、问题—解决型、比较—分析文本体裁特征、匹配型、主张—反主张型）、语篇的体裁（叙事文、论文、应用文、说明文）、篇章组织形式等
分析篇章结构	厘清文本线索与脉络，形成内容图式	语篇的时空顺序、段落的组织形式、文本的明线与暗线、脉络特征、篇章的基本框架、篇章的逻辑论证形式等
分析语篇语义	把握文本的深层意蕴与内在逻辑形式	语篇关键词的语境语义、重要句子的语义潜势、文章的主旨大意与思想感情、语篇的言外之意等
分析语言特征	鉴赏文本的语言表达，把握语言之美	文本用词与表达的准确性、修辞与句式的丰富性、论证分析语言特征的严密性、句意内涵的深刻性、写作手法的巧妙性等
分析阅读策略	帮助学生掌握阅读理解的策略与技巧	如何快速获取文章的主旨大意、如何快速获得细节信息、如何处理阅读理解中的障碍、如何判断观点逻辑等

（一）准确把握文章结构和主旨，训练整体性思维

进行语篇解读教学，首先要遵循整体性原则，围绕文章的主旨，准确把握文章结构，才能避免脱离文本空泛阅读文章。阅读的文章体裁多样，不同文章有不同的教学方法，教师要准确运用教学方法教会学生每一篇文章的解读技巧。同时，在语篇解读时要学会提炼文章主旨内容。

1. 不同文章有不同的阅读教学方法

高中英语文章按照类型分为议论文、说明文、记叙文等。学生最常接触的就是议论文，这里以议论文教学方法为例。议论文总体结构为总分总三段式，论点论据清晰。教师在解读这一类文章时，可以先列出教学框架，第一部分提出论点，第二部分运用论据证明论点，第三部分总结。比如，《英语》新标准选择性必修一 Unit 2 Onwards and Upwards 第一部分提出"高成就的作家之前遭受过拒绝"；第二部分通过具体介绍 Rowling、J. D. Salinger 等作家遭到拒绝的事例说明第一部分的论点；最后一部分总结"坚持"精神的重要性，呼吁文章主旨，升华感情。议论文按照此种教学方法，文章结构脉络清晰地展现在学生面前，学生就能从整体上把握文章结构和主旨。

2. 提炼文章主旨内容

要让语篇解读教学变得简单，提炼文章主旨内容是关键。所有文章都有主旨，不同文章的主旨在不同的段落，教师要教学生准确地提炼出文章主旨。例如，"The Best Medicine"这篇文章一共有6个段落，作者以第一人称的口吻叙述了自己给病人带来欢乐的故事，前5段都是叙述"我"见到小女孩为她治疗的过程，最后一段的最后一句就能提炼出文章主旨"Laughter is the best medicine"，正好与题目呼应。因此，教师在教学生提炼文章主旨时，要先阅读题目，如果文章过长就在每一段句首或句尾找与题目对应的句子，此句子就是文章主旨。

（二）善于运用逻辑思维和翻译方法阅读文本

语篇教学的最终目的是培养学生的语篇阅读思维和翻译文本的能力，所有的文章都遵循同一套逻辑思维，不同的句子也都可使用同一种翻译方法，只要学生掌握了思维和方法，脱离课堂后，他们也可自主分析和阅读文章。具体的逻辑思维可运用在句子和段落分析中，翻译技巧可用在每一句话的翻译中。

1. 句子和段落之间逻辑思维的运用

任何阅读篇章都不是随意的字句堆积，而是因为有关联才联系在一起的，这个关联就是"逻辑"，学生在阅读文章时，要善于运用逻辑思维把单个句子联结起来，整体把握段落意思和主旨内涵。例如，"The Best Medicine"第一段的第一，二句话，第一句话说当他穿着白大褂走进医院时看起来和其他医生没有什么区别；第二句话说直到他戴上小丑的装备，才和大家有了区别。两句话的逻辑关系在于"穿着白大褂—戴上小丑装备（无区别—有区别）"，这就是两句话之间的联系，以此类推，所有的句子之间都可用逻辑思维联系起来。

2. 各种翻译技巧的运用

翻译是篇章阅读的基础，只有准确翻译出句子才能理解其意思，意思理解了才能进一步总结文章内涵，彻底理解该篇文章。然而，高中学生的英语基础水平不统一，有些学生在阅读过程中难免遇到不认识的单词和结构，不认识单词、不会分析结构成为阅读的障碍。教师可以教给学生一些翻译技巧，让学生顺利跨过这些障碍翻译句子。比如 "The Benefits of Smiling and Laughing" 中第五段第一句话，学生不知道 "bottle up inside" 的意思，教师可以教给学生"推测翻译法"。前面说笑可以释放感情，后面一定是与释放感情相关的，于是猜测这个短语翻译为"憋在心里"。

（三）阅读任务多元设计，促进语篇深层分析

高中英语语篇教学中的活动设计和练习形式往往为文本浅表信息的检测，且以事实性问题为主，形式较为单一，教学尚且停留在文本表层，缺乏对语篇的深度剖析。比如，教学设计仅仅关注语篇背景、细节与事实等。这样带来的后果是学生往往只会"用眼睛去阅读"，而鲜有"用大脑去阅读"。因此，为了解决这种"浅表式"语篇教学桎梏，培养学生从文本到思维的能力，教师应该以多元化的语篇教学任务设计，促使学生在充分理解语篇的同时，发展思维品质，提高理解和学习能力。

语篇教学的任务设计可以从微观维度出发。比如，辨别文本中的事实与观点、判断句际逻辑关系（因果、承接、条件、转折等）、判断指代关系（人称代词、指示代词等）、语义的推理与判断、语篇信息的排列等。

语篇分析过程中，教师还可以挖掘文本信息的多种关联。其主要体现在三个方面：一是段落内容之间的关联；二是段与段之间的关联；三是文本与现实生活之间的关联。要让学生有一个意识和理念，那就是语篇一定是以逻辑关系串联起来的。那么，词与词、句与句、观点与事实之间一定存在特定的逻辑关联，而这种逻辑上的关联又往往以一定的关联词进行衔接，例如在表示"增补关系"时，通常会出现 "in the same way, as well, what's more, in addition, equally, likewise" 等词；表示"解释关系"时，则会出现 "which means, namely, that is, in other words, that is to say" 等词。除了有明显的连接词表示衔接关系，文本还会出现语义的内隐关联，这就需要深度分析文本语义之间的内在逻辑关联。这些关于语篇逻辑的学习维度，都是教师在进行语篇教学时应该考虑的教学任务。

（四）语篇内容拓展类阅读任务

学情是教学的重要因素之一。因此，对于语篇教学，教师理应基于学情

进行相应的拓展，打开思路，不要太拘泥于形式，避免教条现象的出现。众所周知，"阅读前—阅读中—阅读后"三阶段模式是目前较为广泛采用的阅读教学模式。那么，如果严格按照该模式的教学流程，拓展类活动就要发生在"读后"阶段，但在实际的教学过程中，由于语篇中的某些词、句或观点的不及时分析、解读和拓展，往往会在一定程度上影响学生对语篇内容的把握和理解。故此，教师应灵活应对实际情况，并非一定要照搬流程，应该根据实际学情进行相应拓展。例如，与学生经历有关的拓展——激发学生已有背景图式，将语篇与学生经历结合起来，促进语篇的理解，提升语篇分析效果；又如，与学生思维有关的拓展目的——打开学生思维，激发其表达的兴趣与欲望，促进学生对语义的深入分析与理解。

（五）扩充课外知识，培养学生思维

在语篇解读教学课堂上，扩充课外知识不仅能扩充学生知识面，还能活跃课堂氛围。高中学生还处于未成年阶段，在课堂上不能完全静心，在课堂中途加入一些课外知识还有助于吸引他们的注意力，同时还能培养学生的思维能力。教师可以加入文化知识，或加入社会热点新闻，培养学生审美思维和提高思辨能力。

1. 加入文化知识，培养审美思维

学习英语，同时能学习西方文化，汲取优秀的文化养料，提高自身文化修养。教师可以在《英美文化概况》之类的书籍中摘取文化知识，比如"英国的运动"，英国人闲暇时会在酒吧和朋友饮酒打发时间，或者在田地里干活、看球赛等。通过这段英国历史文化的介绍，学生能从英国普通百姓的生活中了解一个国家的生活风气，对不同国家的生活风气有一定的欣赏能力，从而培养审美思维。

2. 与社会新闻结合，提升思辨能力

教材虽然权威性比较强，但其文章并非像新闻那样每天更新，只能说具有一定代表性。高中教师和学生都应该跟上社会的节奏，阅读新闻内容，提升思辨能力。教师在语篇教学中，可以针对主旨加入社会热点新闻，比如，《英语》新标准选择性必修一 Unit 3 Faster, Higher, Stronger 这一课与奥林匹克运动相关，教师就可以加入北京冬奥会相关知识，让学生思考什么是奥运精神，

奥运给人们带来了什么等问题，结合当下事件或话题，提升思辨能力。

三、结语

高中生学习英语，最重要的是对其阅读能力的培养。高中英语阅读文章体裁丰富，语篇较长，学生要在有限的时间内完整把握一篇文章的结构、主旨、内涵并非易事。教师在语篇解读教学时要运用正确的方法，不仅让学生理解当前文章，还要培养学生阅读文章的思维，让他们学会解读篇章，学好阅读方法。

参考文献

［1］李红英.语篇理论与文本解读［M］.杭州：浙江大学出版社，2015.

［2］席晓青.语篇分析：思维、策略与实践［M］.厦门：厦门大学出版社，2011.

［3］鲁子问，康淑敏.英语教学方法与策略［M］.上海：华东师范大学出版社，2008.

［4］杨洁.学科核心素养背景下思维导图在语篇解读中的运用探究：以新课标人教版高中《英语（选修6）》Unit 4 Reading为例［J］.英语广场，2022（4）：126-129.

［5］鲁周焕.在语篇解读中突出思维性训练的实践［J］.基础外语教育，2021，23（4）：41-48+109.

［6］郑情谊.浅谈核心素养背景下高中英语语篇解读对读后续写的重要性［J］.校园英语，2021（25）：235-236.

［7］陈素芳.语篇分析视域下高中英语阅读教学调查研究［D］.赣州：赣南师范大学，2019.

曾世娟

——彭州中学

浅谈高中英语阅读教学中语篇解读的重要性及解读方法

一、概念界定

（一）语篇

"语篇"这一语言学术语，被中外不同时期的专家和学者赋予了不同的定义和概念。总结国内外各位专家学者的研究可得出结论：无论语篇以哪种形式呈现，都与主题语境紧密相关。

《普通高中英语课程标准（2017年版2022年修订）》（以下简称《新课标》）指出，语篇是指教师用于教学的各种类型的教学材料，其中包括口语、书面语以及图形、图表等多模态形式的教学材料，也称为教学文本或者教学语篇。语篇是作者通过选择主题语境，构建篇章结构，融合语言知识和文化知识，表达主题意义的产物。

（二）语篇解读

纵观国内外专家学者的研究可知，语篇解读是通过对整个语篇的分析理解来还原和感受作者的创作过程，进而对语篇进行整体把握和全面理解。

高中英语教学中的语篇解读是指在进行教学设计之前，英语教师需要根据特定的语篇模式，梳理语篇主要内容，分析语篇结构特征和语言特点，挖掘语篇主题意义，探寻语篇背后的深层含义和作者写作意图，从而为确定教学目标、选择教学内容、明确教学重难点奠定基础。

二、语篇解读的重要性

（一）语篇解读是落实英语学科核心素养的关键

《普通高中英语课程标准（2017年版2020年修订）》明确提出英语课程改革的具体目标是培养和发展学生语言能力、文化意识、思维品质、学习能力等学科核心素养，以达到立德树人和学科育人的根本目的。传统的高中英语阅读教学是以传递语言知识和发展语言技能为主要内容的教学模式。为了适应时代要求，我国的英语教学必须转变成新型的以主题为引领、语篇为载体、活动为途径的教学模式，从而推动学生语言能力、文化意识、思维品质和学习能力的整合发展，进而提升学生核心素养。

（二）语篇解读是中国高考评价体系的要求

2020年，教育部考试中心发布《中国高考评价体系》，将立德树人落实到考试评价中，实现了从传统的知识和能力评价转变为以价值为引领、以素养为导向、以能力为重点、以知识为基础的综合评价。这就要求高中英语教师克服碎片化的英语阅读教学方式，积极探索基于主题语境的、以问题为导向的互动式、启发式阅读教学模式，从而培养学生对语篇的学习理解能力、对知识和技能的应用实践能力以及思维的迁移创新能力。

由此可见，作为教学的语篇并非仅仅是词汇和语法知识的载体，而是英语教学的基础文本和学习资源。要想提升学生的核心素养，教师需要全面、深入研读教学语篇，抓住语篇的主题意义，梳理语篇主要内容，关注语篇体裁类型，分析语篇语言特征，挖掘语篇的育人价值，并以此为基础确定教学活动，指导学生掌握语言知识和语言技能，从语篇中获取文化知识，把握语篇价值取向，落实课程目标。

因此，教师对教学语篇的深入、准确解读，是开展有效教学的关键环节。也就是说，教师能否对语篇进行科学有效的解读，直接影响教师教学效果的好坏，进而影响学生学习体验的程度、认知发展的维度、情感参与的深度和学习效率的高度。所以，提升教师对语篇解读的认知和意识，以及提高教师语篇解读能力是促进课堂教学有效实施、实现学生深度学习、培养学生英语学科核心素养的关键。

三、基于语篇解读的高中英语阅读教学改进策略

目前亟须改变教师落伍的教学观念，提高英语教师的语篇解读意识，加强理论知识的学习和实践方法的操练。

（一）深入研读《新课标》

《新课标》是广大英语教师进行英语教学的指挥棒，为高中英语教学指明了发展方向。它明确提出高中英语教师要有意识地培养学生自主学习能力，让学生成为学习的主导者。因此，在英语阅读教学中，教师要改变传统教学观念，积极引导学生独立思考，充分给予学生机会进行主动探究，把课堂的主动权交还给学生。

《新课标》还指出，高中英语课程改革的总体目标是培养和发展高中学生语言能力、文化意识、思维品质、学习能力等学科核心素养，以达到立德树人和学科育人的根本目的。作为英语教师，只有通过对《新课标》的不断深入学习，才能逐步摆脱落后的英语教学观念，让英语阅读教学不再是"浮于表面，流于形式"，缺乏深度。

（二）学习语篇解读理论知识

要改变英语教师队伍缺乏语篇解读理论知识和实践方法的现状，提升英语教师的语篇解读能力，一方面，需要英语教师主动加强理论知识学习，研究语篇解读方法，并在英语阅读教学中不断实践探索，总结出有效的阅读教学语篇解读模式；另一方面，学校及各级教育单位应组织开展教研和专业培训活动，加大对英语教师语篇解读能力的培训和考核，向广大英语教师普及语篇解读理论知识，提升他们的语篇解读能力。总之，语篇解读理论知识可以为广大英语教师提供语篇解读的新视角和新方法，对于提高英语教师语篇解读能力和阅读教学水平起到至关重要的作用。

四、如何进行高中英语阅读语篇解读

英语阅读教学的必经之路是深入解读阅读材料，只有这样，才能挖掘出语篇内涵，进而完成学科核心素养的落实。英语教师语篇解读能力的提高，可以有效促进英语阅读课的教学质量提升，进而促进学生阅读能力的有效提升。

《新课标》指出，英语教师在指导学生进行语篇解读时，教师应回答与语篇相关的三个基本问题，即语篇的what、why以及how：what指语篇的主题和内容是什么；why是指作者为什么写这篇文章，也就是作者创作语篇的意图、在语篇中传递的情感态度以及价值取向是什么；how是指文章是如何写的，即语篇的文体形式、语篇结构、语言特点以及所用到的修辞手法。需要注意的是，对语篇why和how的解读，取决于教师的自身素养和生活阅历等，没有唯一答案。

以下是笔者以外研版新教材必修三Unit 2 Understanding Ideas的语篇"The Well that Changed the World"为例，围绕what，why和how三个问题进行语篇解读：

What：The Well that Changed the World的主题语境是"人与自我"，涉及的主题语境内容是优秀品行，正确的人生态度和社会责任感。本文是一篇人物特写，描述了一位名叫Ryan的加拿大小男孩做公益事业的经历，介绍了Ryan从6岁开始一直到现在，坚持帮助非洲儿童解决饮水问题的事迹。Ryan的经历分为三个阶段：①He worked hard alone to reach his first target of $70 to build a well in Africa but he failed.（他独自努力以达到他的第一个目标——70美元在非洲修建一口井，但是他失败了。）②He asked his classmates and neighbors for help, and with the help of his mother's friend, he managed to raise $2000 to build a well in Uganda.（他向他的同学和邻居寻求帮助。在他母亲朋友的帮助下，他设法筹集到了2000美元并在乌干达打了口井。）③He finally set up a foundation to encourage and inspire more people to help and give support.（他最终成立了一个基金会，鼓励和激励更多的人去帮助和给予支持。）

Why：通过Ryan的事例，引导广大青少年学生主动思考自己可以如何帮助有需要的人，初步形成积极参与公益事业的意识，勇于承担社会责任的品质。

How：语篇类型为记叙文，语篇按时间线索展开，以事件发展为线索，通过第一部分（Para 1）"事件起因"、第二部分（Para 2~5）"事件的经过和发展"和第三部分（Para 6）"事件的结果和意义"逐层推进。尤其是第二部分，Ryan从事公益事业的经历一波三折，很好地体现了他帮助非洲儿童的五个阶段，即plan—problem—solution—result—inspiration，体现了Ryan坚定地从事公益活动的决心，即使遇到困难也决不放弃，最终实现自己的理想。

通过对语篇的解读，学生不仅可以对Ryan做公益事业的过程有清晰的了解，而且可以引导学生归纳总结他的优秀品质，鼓励学生在日常生活中做自己力所能及的事情帮助他人，积极参与公益事业，发扬个人优秀品质。

五、结语

综上所述，传统的英语阅读教学已不能满足新时代对英语教学的要求，作为高中英语教师，应摒弃落后的英语阅读教学观念，深入研读《新课标》，积极学习语篇解读理论知识，并在教学中不断实践，以促进英语阅读课的教学质量提升，进而促进学生阅读能力的有效提升。

参考文献

［1］中华人民共和国教育部.普通高中英语课程标准（2017年版2020年修订）［S］.北京：人民教育出版社，2020.

［2］胡壮麟.语篇的衔接与连贯［M］.上海：上海外语教育出版社，1994.

［3］黄国文.语篇分析概要［M］.长沙：湖南教育出版社，1988.

［4］张琳琳.基于主题意义探究的英语阅读教学设计［J］.中小学外语教学（中学），2019，42（8）：37-42.

［5］李福庆.高中英语语篇教学中的常见问题与对策［J］.中小学外语教学（中学），2018，41（9）：27-32.

尹小莉

——四川省彭州市敖平中学

高中英语阅读教学中批判思维的培养探究

批判思维是指人们在看待事物时，具备质疑、分析、推理、辩证对待事物的能力。在高中英语阅读教学中培养学生的批判思维，有利于培养学生的创新能力及对真理的辨别能力，能有效锻炼学生的独立思考能力和对事物正确与否的判断能力。高中英语批判性阅读要求学生能对英语阅读材料做出恰当评价，要求学生运用全面分析、合理质疑、科学评价、大胆设问等方式来独立理解文本信息，这是一种高水平的英语阅读活动，它强调阅读者的阅读感受与评价。在当今这个信息庞大的数据时代，批判阅读能充分满足人的思维发展需求，在高中英语阅读教学中培养学生的批判思维具有十分重要的意义。笔者将深入探究在高中英语阅读教学中学生批判思维的培养对策。

一、高中英语阅读教学中学生批判思维的培养路径

（一）活用教材内容，培养学生批判思维意识

学生批判思维的培养是一个长期积累的过程，需要教师在日常教学中有针对性地合理引导，逐步培养学生自主学习、独立思考、积极探究的良好学习习惯，促进学生批判思维和创新思维能力的提升。因此，教师应在教学实践中灵活运用教材内容，深入挖掘教材中有价值的教学资源，善于利用英语教材中能高效培养学生批判思维的教学内容，并以此为基础引导学生有意识地辩证思考问题，通过大量的阅读练习和经验积累，可以在潜移默化中加深学生对阅读素材的理解，让学生慢慢掌握一些好的问题思考和分析方法，培养学生的批判思维，锻炼学生的批判思维能力。例如，在讲到外研版新课标高中二年级英语教材第六册（顺序选修6）的Module 4 Music相关内容时，笔者在与学生沟通交

流时发现不同学生不仅有各自钟爱的音乐类型，而且会对不同音乐产生不同的想法。因此，笔者在课程结束后向学生提出问题：What is your favorite kind of music? How do you listen to it? How do you feel when you listen to it? 然后，邀请学生向全班同学分享他们对各种音乐类型的想法。接着笔者再引入问题：现在很多年轻人都喜欢韩文歌和英文歌，相反，对我国的传统民族音乐，甚至我国流行音乐却提不起兴趣，要求学生针对这一现象说说他们的看法。经过一番激烈的研究讨论，学生深刻认识到在学习吸收西方音乐文化的同时，也要继承和发扬我们中华民族优秀的传统音乐文化，取其精华，去其糟粕。通过深入挖掘教材中的有效信息，能深化学生对教材内容的认识，逐步培养学生的批判思维意识，锻炼学生的批判思维能力，全面提升高中英语阅读教学的质量。

（二）营造思辨氛围，激发学生批判思维兴趣

为有效培养学生的批判思维，教师在英语阅读教学实践中应注重营造良好的思辨氛围，让学生有意识地投入辩证思考的氛围中，开发大脑批判思维潜能。因此，教师应在英语阅读教学实践中创设良好的思辨环境，通过设计一些有针对性问题的情境来充分激发学生的批判思维，加深学生对教材内容的认识和理解，促进学生思辨能力的提高。此外，教师还可以在教学过程中借助多媒体设备来创设教学情境，既有利于学生接受教学内容，简化重难点，还能有效培养学生的逻辑思维和批判思维。例如，在学习外研版新课标高中二年级英语教材第六册（顺序选修6）Module 1 Small Talk时，文章中主要讲述人们在生活中常用的聊天技巧，笔者引导学生通读全文找出作者总结出来的各种聊天技巧，然后要求全班学生以小组为单位自行组织模拟一个small talk情境对话。某小组在课堂上用英语模拟一个中国人和一个英国人的早餐闲聊情境对话，中国人早餐习惯以粥、粉、面、饭为主，英国人早餐习惯以果汁、牛奶、麦片、三明治为主，于是两人就开始了关于饮食文化和健康程度的探讨。在此过程中，学生的学习兴趣被大大激发，开始思考不同国家的饮食文化差异性，分析不同饮食习惯的健康程度，而在这个过程中，学生不仅能掌握一定的闲谈技巧，而且批判思维也得到有效发展，学会以批判性眼光去看待问题。

（三）利用多元教学，锻炼学生批判思维能力

批判思维是指学生在认识和接受新教学内容、新观点时，能具备敏捷清晰的辩证思维能力，对有价值的信息进行严格推断和辨析质疑。在高中英语阅读教学中，教师可采用多元化教学模式，综合运用各种教学方法来培养学生的批判性思维，锻炼学生的批判思维能力。目前，在高中英语阅读教学中常用的批判思维教学方法主要有：比较式教学法、发现式教学法和发散式教学法。

1. 比较式教学法

比较式阅读教学法是指在学生阅读文本材料时，通过对文本的比较分析来获取更多知识的一种便捷途径。因此，教师可在阅读教学中通过横向、纵向比较，有意识地引导学生养成"比较阅读"的逻辑思维，鼓励学生跳出固定的篇章布局，综合比较多篇文章的语法功能特点、文化背景常识、教学目的等，引导学生找出多个文章的相同点和不同点，便于学生通读全文，加深学生对文章的理解，产生更新颖、深刻的思维想法。在高中英语教材中，每个单元都有特定知识点，教师可通过对比分析各个单元的教学内容，让学生自行梳理知识系统，发现不同文章的教学内容的异同性，逐步引导学生从批判性角度分析问题。例如，在学习"Small Talk"一课时，文章中出现了两个典型句式，即"didn't need to do"和"needn't have done"，通过对文章的辩证比较，学生掌握了这两个语法句式的本质含义，"didn't need to do"指的是"不需要做而且没做"，"needn't have done"指的是"本不需要做但做了"，加深了学生对文章内容的理解。又如，文章中出现"lack（v.）"一词，学生在之前做英语阅读训练过程中，也曾了解过这个词的相关用法，于是笔者便引导学生辩证思考、比较学习"lack"的用法。很快，学生就发现，当"lack"为名词时，可组成词组"for lack of..."（由于缺乏……）；当"lack"为动词时，可组成词组"lack for..."（缺乏……）。通过综合比较当前所学文章和以前所学文章，学生能掌握不同的语法句式，同一单词不同词性的使用特点和异同点，有利于学生发散思维，产生更新颖的学习思维想法，学会以批判思维去分析、应用多篇文章的不同语法句式和单词词性，锻炼学生批判思维能力。

2. 发现式教学法

在高中英语阅读教学实践中，教师除了要引导学生养成积极思考、自主探究问题的习惯，还要重视保持学生的英语学习兴趣。发现式教学法是指教师在英语阅读教学中充分调动学生自主思考的积极性，引导学生在自主思考的过程中逐步掌握获取各类有效信息的技巧，促使学生全面、准确、深入地了解文章内容，让学生学会自主领悟文章内容，筛选出有价值的文本信息，锻炼学生的批判思维能力。例如，在外研版新课标高中二年级英语教材第六册（顺序选修6）的Module 5 Cloning的教学中，学生在学习课文后对克隆有了基本认识，针对作者对克隆技术的看法，笔者要求学生在课后利用互联网、图书馆资料等搜集世界上关于克隆技术的相关信息，让学生自己发现世界各国对克隆技术的态度看法、研究进程和应用实践，增强学生辩证分析问题的能力。此外，在课程结束后，笔者还专门设置了关于"To Clone or Not to Clone"的探究性英语小辩论赛，要求全班学生分成正反两方，各自分别寻找能支持自己看法的理论依据，要求学生大胆突破传统思维，多角度、多方面地辩证思考问题。通过设置一些探究性、趣味性、拓展性、科学性问题，教师引导学生自主发现事物的本质，学会辩证看待事物，培养学生深度思考问题的意识，使学生在辩证思考问题时能激发自身对英语阅读的兴趣，这对培养学生的批判思维有着良好的促进作用。

3. 发散式教学法

发散式教学法是一种以阅读内容为核心，要求学生多角度拓展分析阅读内容，以培养学生的批判性思维的开放式英语阅读教学活动。这种教学方法能突破传统教学思想和固定知识体系，有利于学生用全新角度去看待、学习文章内容，使学生在大胆质疑、调查研究的过程中培养批判精神。因此，教师在高中英语阅读教学中应积极引导学生在获取教材文本信息的基础上发散思考，鼓励学生自主思考，提出富有创造性的想法。

（四）突破传统思维，积极扩展学生批判思维

在培养学生批判思维过程中，关键是要引导学生综合运用各种不同方法来思考、分析和解决问题，为此，教师应充分鼓励学生跳出传统的思维模式，全面、理想、客观地分析问题，积极扩展学生的批判思维，有效锻炼学生的批判思维能力。因此，教师可在英语课堂上提出一些富有意义的问题来引导学生发散思考，鼓励学生突破传统思维，深入探究教材文章中的批判性思想内容，勇于挑战传统观点，真正锻炼学生的批判思维能力。例如，在外研版新课标高中二年级英语教材第六册（顺序选修6）的Module 2 Fantasy Literature的教学中，人们都知道魔幻文学中的魔法是具有双面性的，使用得当就会发挥积极作用，使用不当就会产生消极影响。于是笔者便引导学生大胆思考，如果各种魔法真的应用在人们的生活中，会为人们的生活带来怎样的影响？A学生提出，如果现实生活中真的有魔法水晶球，就能预知未来，避免祸害；B学生提出，隐身术会降低人们的隐私安全感；C学生提出，分身术容易被不法分子滥用。如此一来，学生深刻认识到事物都是具有两面性的，在认识事物时除了要关注事物的优点，也要关注事物的缺点，通过突破传统思维的方式来培养学生的批判思维，有利于学生客观全面地认识事物。

二、结语

总之，在高中英语阅读教学过程中培养学生的批判思维具有十分重要的意义，英语批判性阅读教学能有效调动学生的积极性，引导学生进行真正的文本阅读，给予学生独立思考、深入分析的机会，高效培养学生的逻辑思维、创新思维和分析评价能力。因此，高中英语教师应积极采取多种途径来培养学生的批判性思维，精心设计教学活动，激发学生学习热情，充分引导学生辩证思考，为学生批判性思维和创新能力的培养提供良好机会，有效激发学生的创新潜能；同时，教师要构建客观全面的评价体系，引导学生有意识地在接收信息的同时科学筛选信息，锻炼学生的批判思维，全面提升学生的综合素质，促进学生朝着可持续方向健康发展。

参考文献

[1] 丁晓维.高中英语阅读教学中学生批判性思维能力的培养［J］.科教文汇（中旬刊），2014（11）：114，149.

[2] 李金蓉.基于批判理念的高中英语阅读能力培养探究［J］.英语教师，2015（8）：21–22.

[3] 杨皎.英语阅读教学中培养学生评判性思维的研究［J］.成才之路，2016（16）：36.

[4] 李慧.高中英语阅读教学中如何培养学生的评判性思维能力［J］.中国校外教育，2016（6）：92.

［5］朱俊.试析高中英语阅读教学中批判性思维的培养［J］.中学生英语，2016（16）：21-23.

［6］刘雁.思辨的力量：高中英语批判性阅读教学与批评性思维的培养［J］.教育教学论坛，2014（21）：225-226，198.

［7］方少洵，林乐欣.在英语阅读教学中培养学生批判性思维的课例分析［J］.亚太教育，2015（35）：152-153.

［8］卓张众.高中英语批判性阅读教学设计案例研究［J］.福建基础教育研究，2015（1）：79-81.

基于论说文文体特征，深入解读语篇内涵

论说文是以述说和议论为主要表达方式，通过摆事实、讲道理、辨是非等方法剖析事物、论述事理、发表意见、提出主张的文体。然而在现阶段高中英语阅读教学过程中，教师常采用"词汇—句意—段落—篇章"或者"略读—跳读—精读"的常规阅读教学方式来教学论说文，未能从语篇特点、内容、形式等角度展开教学。基于语篇分析的相关内容，教师应从论说文的语篇内容、语篇结构和写作意图等视角来设计阅读教学。下面笔者将通过对语篇分析视域下论说文阅读教学课例做展示与分析。

本课教学内容为新版外研社高中英语必修一Unit 4 Understanding Ideas板块下的Click for A Friend？该文本的语篇类型为论说文，主题语境是"人与社会"，涉及的主题语境内容是良好的人际关系与社会交往，话题是"网络交友"，主要内容为今昔交友方式的改变及网络交友的利弊。

一、教学目标

在本节课之后，学生能够熟悉话题语境，获取课文的主旨大意，判断作者对网络交友的态度；学生能够理解本语篇结构及内在逻辑关系，能梳理出细节信息，了解论说文的文体特征；学生能够将课堂所学联系现实生活，运用与话题相关的语言知识，辨识并评价网络交友的现象，提高批判性思维、创新思维能力和综合语言运用能力，形成正确的人生观、价值观和交友观。

二、教学过程

（一）关注论说文标题，感知语篇主题

在课堂导入环节，教师围绕语篇主题，首先利用视频、图片、文章标题、首尾段等信息，创设语言环境，提出问题，激活学生已有知识。在本节课中，教师先播放一段视频，用孔子对友谊的论述引出一首关于友谊的著名英文诗歌 *Auld Lang Syne*，激起学生对课本话题的背景知识的学习兴趣。随即以唱歌的活动形式提高他们的课堂参与度。

其次教师呈现一组关于交友方式的测试让学生完成，目的是帮助学生提前熟悉文章话题，激活背景知识；然后引导学生关注课文标题，并对课文内容进行预测。针对标题，教师提问如下：

1. What does the words "Click" and "Friend" imply? （"点击"和"朋友"这两个词是什么意思？）

2. What is the function of the question mark? （问号的作用是什么？）

3. What is the passage probably about? （这篇文章可能是关于什么的？）

设计意图：论说文标题往往反映语篇主题。教师引导学生从标题入手，根据重点词汇和标点符号，预测课文内容，帮助学生初步感知语篇主题的含义，初步了解论说文的文本特征。

（二）阅读语篇，理解语篇内容与结构

引入话题后，教师设计了一系列的阅读活动，帮助学生理解语篇内容，并从语篇体裁的角度理解论说文的观点、内容与结构，从语篇功能的角度理解其含义与写作意图。教学过程如下。

Activity 1：Read the passage and match the main ideas（读短文，并将大意连起来）

首先，教师要求学生速读全文，特别关注语篇段首句，快速获取段落大意，划分段落结构并完成各部分与主要内容的配对任务（如图1所示）。这一活动让学生明白了段落首句的重要作用，同时也初步感知了语篇结构。

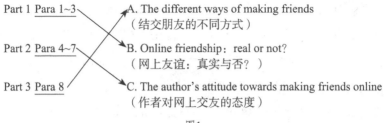

图1

Activity 2：Read and complete the diagram

在了解课文大意和文章结构后，教师聚焦语篇的第1～7段，教师提问：①What are the different ways of making friends between the past and the present?（过去和现在交友方式有哪些不同？）②When you make friends online，does it mean that they are really your friends?（当你网上交友时，是否意味着他们真的是你的朋友？）引导学生细读文段，并寻找出相关细节信息和支持观点的论据和实例。同时，采取小组分工合作的形式让学生完成文本的思维导图，培养学生获取语篇细节信息和对已有信息进行推断的能力。

设计意图：学生通过速读，感知语篇整体结构；教师通过提问，引导学生关注语篇中的关键句，并利用有效的阅读策略，捕捉关键信息，抓住语篇具体内容。

（三）巧设问题链，深入解读语篇

有效的层次不同的问题链有利于学生层层递进理解语篇。针对论说文文体特征，教师可以设计不同层次的问题，帮助学生梳理语篇信息、分析语篇结构、理解语篇内涵等。

首先，教师展示全文分段后的框架图，引导学生再次感知文章结构。教师鼓励学生基于自身实际感受，分享自己对网络交友的看法和观点。随后，根据文章最后一段 "But this doesn't mean that we should throw the baby out with the bathwater."（但这并不意味着我们应该不分良莠，一同抛弃。）教师引导学生思考作者的观点，并通过开放性问题 "Do you know of any similar sayings in Chinese?"（你知道中文里有类似的谚语吗？） "Do you prefer to make friends online? Why?"（你更喜欢在网上交朋友吗？为什么？）引导学生深入思考，学生也展示了各自不同的观点。

其次，教师带领学生分析文章的background information（背景信息）、the target readers（目标读者）、type of writing（写作类型）、key words and sentences（关键词和句子），让学生深入理解论说文的语言特征和文体特点、深入解读语篇。学生通过讨论得出本文的文本类型为：argumentation（议论文），相关的写作背景为：With the advance in technology, people need to know the advantages and disadvantages of making online friends at modern times（随着技术的进步，人们需要知道现代网上交友的优缺点）；通过分析关键词 "but"，理解文章结构和段内逻辑关系；通过分析文章第五段："It depends" 得出：This sentence is short but important. It highlights two possibilities, that is, an online friend can be real or not real. （这句话很短，但很重要。它强调了两种可能性，即网友可以是真实的，也可以是不真实的。）最后得出作者的写作目的。

最后，教师通过两个问题：①Compare the following two titles.（A. Click For A Friend. B. Click For A Friend? ）What's the difference? ②Why does the author use a question as the title? 引导学生进行讨论，深化对文本主题意义的理解和挖掘。学生通过讨论得出以下结论：Whether to make friends online is a question because it can be good and it can be bad. An online friend can be real or not. It depends. （是否在网上交朋友是一个问题，因为它可能是好的，也可能是坏的。网友可以是真实的，也可以是假的。这要看情况而定。）

设计意图：教师由浅入深、层层递进地设计问题，从基础识别类问题到领会理解类问题，再到推理判断和分析评价类问题，引导学生深入解读语篇，从语篇信息到联系现实生活，对语篇知识进行迁移创新，从而深化了对主题意义的理解。从理解分析到正确判断，最终形成正确的人生观、价值观、交友观。

（四）课后作业巩固基础，强化语篇主题

在课后作业中，教师可以根据话题语境和语篇主题，建设性地创设合理的情境，帮助学生表达观点和态度并有效地解决现实生活中遇到的问题，促进能力向素养的转化。本次课的课后作业设计为以本文的结构为依据，将学生分为持不同意见的两组（ "The more friends you have, the happier you'll be" vs "A few true friends are enough" ）进行辩论。这种以说的形式输出可以有效地帮助学生进一步深化理解语篇主题与意义。

设计意图：教师创设情境，引导学生使用课堂中所学知识解决实际生活问题。学生在完成作业（辩论）的过程中，深入理解语篇主题，完成学后输出，实现了知识的迁移和创新。

三、教学反思

（一）培养高阶思维

《普通高中英语课程标准（2017年版2020年修订）》指出：高中英语教学应以学生为主体，以培养学生高阶思维品质为基础，深入解读，把握主题语境。高中英语阅读课堂教学应紧紧围绕语篇展开，教师对语篇解读的深度决定了课堂教学的深度，也决定了学生理解的深度。在教学中，教师应以学生为主体，引导学生把握语篇主题，理解语篇内容，深挖语篇结构。此外，还要结合现实生活和高中学生的具体特点，让学生在解读语篇的同时探究语篇主题意义，让学生在理解、内化的过程中提升思维能力和问题解决能力。

（二）以活动为手段，由浅入深，实现立德树人的总目标

在教学过程中，教师根据学生具体学情，由浅入深层层递进，设计教学活动，引导学生关注语篇的关键信息和主题意义，培养学生逻辑性思维、批判性思维和创新思维，提高学生高阶思维品质，为学生终身学习奠定基础。

（三）创造真实语境，促进迁移创新

论说文阅读教学的过程不仅是帮助学生获取和归纳语篇信息的过程，而且还是在语篇主题意义下引导学生形成独立见解的过程。因此，论说文语篇的读后活动不能只重表面形式，教师应该基于语篇主题语境，设计出能促进学生发展和帮助学生解决实际问题的活动。本节课的课后作业，教师要求学生通过小组辩论的方式，将所学知识迁移运用到实际情境中，解决实际问题，从而进一步理解主题意义。

四、结语

基于论说文文体，运用语篇分析理论进行高中英语阅读课堂教学，实质上就是要求教师从只关注语言词句、语法学习等的语言知识教学，转向关注培养学生语用能力、逻辑思维能力和文化素养能力等的教学。它要求教师从语篇体

裁结构、语言特点、主题意义、功能价值等角度切入，多层次深入研读语篇，并基于不同学情设计多维度语言学习活动，让学生在理解的基础上深刻领会语篇和主题，从而有效地促进学生学习力的发展。

参考文献

［1］中华人民共和国教育部.普通高中英语课程标准（2017年版2020年修订）［S］.北京：人民教育出版社，2020.

［2］黄国文.语篇分析概要［M］.长沙：湖南教育出版社，1988.

［3］王春晖.英语教材语篇分析须把握的几个要义：以人教版中学英语教材为例［J］.教学月刊·中学版（教学参考），2019（3）：3-7

［4］程晓堂.基于语篇分析的英语教学设计［J］.中小学外语教学（中学），2020（10）：1-8.

基于高考评价体系的高中英语书面
表达分层教学

一、《中国高考评价体系》与高中英语书面表达

《中国高考评价体系》是制定命题标准的重要依据，明确了考试的性质与功能，规定了考试的内容与形式，是指导命题的规范性文件，也是教师教学和学生复习备考的重要参考。《中国高考评价体系》的基本内涵是"一核四层四翼"："一核"为考查目的，即"立德树人、服务选才、引导教学"，这是对素质教育中高考核心功能的概括，回答"为什么考"的问题；"四层"为考查内容，即"核心价值、学科素养、关键能力、必备知识"，是素质教育目标在高考内容中的提炼，回答"考什么"的问题；"四翼"为考查要求，即"基础性、综合性、应用性、创新性"，是素质教育的评价维度在高考中的体现，回答"怎么考"的问题。在此基础上，高考评价体系还包括考查载体，即实现考查内容和考查要求的试题情景。

通过对2019～2022高考全国卷书面表达命题的研究发现，书面表达均为半开放式命题，话题均为学生熟悉的内容，注重对中国社会生活和文化知识的介绍和传递，体现中华传统文化内涵和正面价值观；具有较真实的书面交际性。全国卷书面表达以较真实的具体语境为载体，集基础性、综合性、应用性和创新性于一体。

因此，高中英语书面表达教学中教师应该贯彻"一核四层四翼"的基本内涵，使用多样化的教学法将语言知识、语言技能、学习策略、情感态度和文化意识的教学目标融合在课堂教学中，通过基本知识的教授来培养学生听、说、

读、写的综合能力，并引导学生突破思维狭隘，拓展表达能力，培养创新性思维能力。同时，还要引导学生学习外国的优秀文化，弘扬中华优秀传统文化和社会主义先进文化，正确认识中国特色和国际比较，树立正确的文化观、历史观和民族观，强化理想信念，自觉践行社会主义核心价值观。

二、英语书面表达分层教学

（一）分层教学法的必要性

吕叔湘说："学习语言不是学一套知识，而是学一种技能。"不同的学生掌握语言知识技能的能力不同，达成学习目标的速度不同，使用语言表达自己内心观点的效度也不同。因此，教师应该针对学生的个体差异，从实际情况出发，利用不同层次的教学活动进行分层教学，对不同能力水平的学生采用不同的教学法，激发学生的学习兴趣，调动学生学习的积极性和主动性，让每个学生得到充分发展。

高考评分标准对充分体现《中国高考评价体系》内涵"一核四层四翼"的高中英语书面表达做出了具体要求：内容要点、应用词汇和语法结构的数量和语言准确性及上下文的连贯性。根据这些标准，将英语书面表达分为五个档。

第五档（21～25分）：完全完成了试题规定的任务，完全达到了预期的写作目的。覆盖所有内容要点。应用了较多的语法结构和词汇。语法结构或词汇方面有些许错误，但为尽力使用较复杂结构或较高级词汇所致；具备较强的语言运用能力。有效地使用了语句间的连接成分，使全文结构紧凑。

第四档（16～20分）：完全完成了试题规定的任务，达到了预期的写作目的。虽漏掉一两个次重点，但覆盖所有主要内容。语法结构和词汇能满足任务的要求。语法结构或词汇方面应用基本准确，些许错误主要是因尝试较复杂语法结构或词汇所致。应用简单的语句间的连接成分，使全文结构紧凑。

第三档（11～15分）：基本完成了试题规定的任务，整体而言，基本达到了预期的写作目的。虽漏掉一些内容，但覆盖所有主要内容。应用的语法结构和词汇能满足任务的要求。有一些语法结构或词汇方面的错误，但不影响理解。用简单的语句间的连接成分，使全文内容连贯。

第二档（6～10分）：未恰当完成试题规定的任务，信息未能清楚地传达给读者。漏掉或未描述清楚一些主要内容，写了一些无关内容。语法结构单调、词汇项目有限。有一些语法结构或词汇方面的错误，影响理解。

学生对知识的掌握和应用能力水平不同，根据因材施教的原则，在尊重学生差异的前提下，为满足不同学生的学习需求，使教学面向全体学生，为促进学生全面发展奠定基础，教师需要对学生进行分层教学，才能更好地完成立德树人的核心目标。

（二）学生分层

我国清末新兴启蒙思想家严复在《天演论》中提出："译事三难：信，达，雅。求其信，已大难矣！顾信矣，不达，虽译，犹不译也，则达尚焉。"这是说翻译作品内容要忠实于原文，谓信；文辞畅，谓达；有文采，谓雅。通俗地讲，就是所翻译的文章要符合文章的特点，注重一句话的完整性，即内容完整为信，语法结构顺畅为达，语言载体具有文采性为雅。在此，笔者也借用严复的言论，将所任教班级的学生根据书面表达写作能力水平和预期要达到的目标分为三类："信"类学生、"达"类学生和"雅"类学生。

"信"类学生是指英语基础较差，词汇量不大，基本不能用英语表达自己的观点和看法，缺乏基础语法知识，写出来的句子错词、误词率高，频繁使用自创体表达，甚至还有使用汉语拼音来替代英语单词的情况。这类学生词汇量严重缺乏，词汇使用混乱，无法完成高中英语书面表达试题所要求的任务。因此，"信"类学生在分层训练时，要注重"基础性"：要着重关注词汇的学习和灵活使用，要让学生能掌握高考中的大部分核心词汇，并能使用这些词汇准确表达自己的观点和看法，基本完成书面表达写作任务要求，使写作得分达到高考书面表达评分标准2~3档。

"达"类学生是指有一定词汇量，但不能正确使用这些词汇，在写作时只是词汇无序地堆砌，语法知识了解一点但不能准确使用。同时，此类学生受到汉语母语影响较大，在写作时Chinglish（中国式英语）现象很严重，这样的"自创体"表达严重影响了答题；他们虽能表达简单的含义，但是句式单一、语言枯燥乏味、缺乏句型的多样性或者在面对书面表达时无话可说。因此，"达"类学生在分层训练时，要注重"综合性"和"应用性"：在增加词汇量的基础之上，要特别注意语法知识的正确运用，提高英语语用能力；增加学生书面表达常用句式或句型，丰富句子内容，增强文章的可读性，能够完成书面表达写作任务要求，使写作得分达到高考书面表达评分标准4档。

"雅"类学生是指能用正确的句子表达观点，但是段落内要点之间松散，句式结构单一，词汇使用不丰富，缺少变化；无主题句，段落间无有效衔接，致使文章表达杂乱显得刻意不自然，缺少整体性。因此，"雅"类学生在分层训练时，要注重"创新性"：在大量词汇储备和正确使用语法知识的基础上，训练学生采用"添枝加叶""同文异构""一句多译"的方式美化语句，增加语句的准确性和可读性；同时，训练学生根据不同的语境采用不同的过渡衔接方法，使段落内部要点之间和段与段之间结构紧凑、自然流畅，很好地完成书面表达写作任务要求，使写作得分达到高考书面表达评分标准5档。

（三）书面表达分层教学的实施

1.谋词，夯实基础，提高"信"类学生的写作能力

"信"类学生由于基础差、底子薄，随着高中英语学习难度加大，很容易对英语写作产生"厌弃"情绪，在考试过程中交白卷。因此，扩大词汇量，增强他们对英语写作的自信心，激发英语写作潜能尤为重要。

（1）就材取材激励学生，提高自信。

在英语书面表达教学过程中，笔者有意识地收集写作要求中的人物或故事背景，并展示给学生看或讲给他们听，让学生从中受到鼓舞，增强学习英语的自信，不惧怕写作，敢于动笔。比如，在外研版英语必修5 Module 5中讲到"杂交水稻之父"中国著名育种专家袁隆平时，笔者收集了有关袁隆平的生平事迹，例如，从"追寻所爱，行动报国"到"不顾质疑，坚持追梦"，从研究获得成功后"荣誉永远不属于我个人，属于整个中国"到"耄耋之年，不知疲倦，不断进步""只要是大方向是对的，就不是死胡同""你只要坚持下去，就会达到光明的彼岸""不要怕失败""性格决定命运，有一点点关系，不是全部。性格很重要，但是不见得决定命运"。用这些伟人的事迹和语录不断激励学生，增强他们的自信心，让他们不放弃英语，不放弃英语写作。

（2）运用策略，提高词汇记忆力。

"信"类学生所面临的最大障碍是基础词汇量较少，无法用英语表达自己的观点。"万丈高楼"是需要一块一块砖垒砌的。英语词汇量就是修建书面表

达这幢大厦所需的砖块，没有足够的词汇量，提高学生的书面表达能力就成了一句空话。所以必须加强"信"类学生对词汇的理解和记忆。"授人以鱼，不如授之以渔。"为了从根本上解决词汇背诵难的问题，只有教给学生一套行之有效的记忆方法，才能从根源上帮助学生背诵单词。首先，从音素、音节、音标知识入手，让"信"类学生掌握最基本的语音知识，掌握字母及字母组合发音规则，通过音节划分，利用自然拼读法正确拼读词汇，帮助学生通过发音规则记住词形拼写。其次，通过词汇构词法，学习前缀、后缀、合成词、派生词等方法，让学生掌握不同前缀、后缀的含义，帮助学生理解词义。例如，前缀un-，dis-，il-，im-，in-等均表示否定含义，如polite—impolite, cover—discover, legal—illegal, known—unknown等。anti-表示"反……"如war—anti-war, human—anti-human等；-able表示可……的，如comfort—comfortable；v-ed/v-ing可转化为adj，表示"感到……/令人……的"，如amuse—amused/amusing, terrify—terrified/terrifying等。再次，利用语境背诵法、同义/近义对比法、形近异义区分法和图像联想法，通过具体语境或显像图像的方法让学生置身其中，更加形象地记忆词汇的形和义，有利于学生背诵词汇，增强他们的信心。例如，在复习话题"个人健康与饮食"时，笔者安排学生将本话题下的相关词汇和表达通过添加适当的词的方式串联起来，形成一篇小短文。短文内容丰富、活泼，便于学生更好地记忆。

（3）训练审题能力，做到心中有数。

要提高"信"类学生的写作能力，仅仅增加他们的词汇量是不够的，还应该训练学生对书面表达试题的审题能力。只知道写而不看题目要求，就好比是没有方向耕田的黄牛一样，无论花多大的功夫都不能有效地完成写作任务。高考书面表达试题本身对学生写作内容和形式都有一定的要求，只有认真研读试题，审查试题考查方向，才能更好地完成写作。"信"类学生普遍存在阅读试题马虎，分析不准确或不完整，造成要点遗漏，文体不正确而严重失分的现象。所以，正确审题，把握写作体裁和要点要求非常重要。在写作课堂中，笔者常常要求学生认真细读试题题干中的中文提示，连续读三遍，然后用笔圈出"4T"，即type、tense、tone和tips，也就是要求学生能从题干信息中找到即将要写文章的体裁、时态、语调和写作要点，有时采用高考题型，有时采用模拟试题或者诊断性试题中的书面表达，不断训练学生的审题能力。在写作前充分审题有利于"信"类学生整体把握写作要求和要点，做到心中有数。

（4）利用简单句型，学会表达自己观点。

人们在用一种语言表达思想和观点时，都不是只用单个的词汇，而是要借用一定的句型和习惯来表现的。同时，同一个词在不同句式、不同的语境中其含义也是不一样的。英语考试大纲中明确提出要求学生掌握五种基本写作句型，即S+V、S+V+O、S+V+P、S+V+O+O、S+V+O+OC。笔者深信"学以致用"，所学内容不在实际中运用，过不了多久就会全部忘记，为了让"信"类学生更好地提高书面表达能力，学会运用基本句型和正确使用词汇非常重要。根据高考书面表达的要求，每天笔者都要求"信"类学生能用所积累的词汇进行这五种句型的操练，采用填空、改错、句子翻译等不同方式进行，有时为书面形式，有时为口头表达，有时在教室里完成，有时在走廊上。不拘泥于形式，不拘泥于时间和地点，让"信"类学生认识到英语重要的交际功能。通过随时随地地练习，保持他们对英语学习的热情，这样才能更加有效地培养学生的英语学科素养，提高使用英语的关键能力。

2. 谋句，恰当衔接，提高"达"类学生综合应用英语的能力

"达"类学生有一定的词汇积累，能够用基本句型表达出观点，但是语句中往往会出现较多的语法错误，严重影响书面表达得分，甚至降档。因此，加强对"达"类学生的语法训练，有利于提高他们书面表达的正确性，能有效增加写作得分。

（1）重视语法，准确表达。

在书面表达中常用的语法知识有动词、名词、形容词/副词、连词、非谓语动词、时态/语态、从句、倒装等。通过语法知识梳理、习题专项训练、错误互纠、书面表达错误归纳整理等不同方式训练学生语法知识的运用能力，学生的语法结构或词汇方面能满足任务的要求，应用基本准确。

（2）增加阅读，仿写句子。

对于很多普通高中生而言，英语仍然是一门习得性语言。要达到质的突破必须有量的积累。"达"类学生在写作过程中由于缺乏语言素材的积累，往往会出现表达句式单一、重复，读起来枯燥无味的情况。而高考英语书面表达评分标准第四档作文要求能够尝试使用较复杂的语法结构或词汇，应用简单的语句间的连接成分，使全文结构紧凑。因此，增加"达"类学生阅读量，在阅读中积累好词好句，仿写并熟练掌握句子和语句间的衔接很重要。为了让这类学生积累到好词好句，笔者常常让学生在做《21世纪报》的Daily Test和阅读外刊时，将文章中优美地道的表达勾画并摘抄下来，形成自己的语料库。然后根据不同写作要求进行适当的改写和仿写，将摘抄语句为我所用，丰富表达词汇和句式结构。

（3）分析范文，巧用衔接。

鼓励"达"类学生大胆分析历年高考书面表达真题和范文，包括审题、范文结构、段落衔接、要点分布、要点衔接等，然后总结出一篇好的书面表达通常所具备的特征，以此来修正自己的写作。例如，经过对2019～2022全国卷的分析，学生们总结出常用的书面表达衔接词有：①表示选择关系或对等关系的连接词，如either...，neither..nor，or，as well as...，and，both...and...等。②表示因果关系或对等关系的连接词，如therefore，so，as a result，as the result of...，because of，due to...，owing to，thanks to等。③表示时间顺序的连接词，如the moment，as soon as，at first，then，later，meanwhile，at the beginning，in the end，before long，for the first（second...）time，the minute等。④表示转折关系的连接词，如yet，and，but，while，on the contrary，on the other hand，however，at the same time（然而）等。⑤表示解释说明的连接词，如that is，that is to say，in other words，such as，for instance，and so on，etc，and the like等。⑥表示递进关系的连接词，如not only...but（also），what's more，what's worse，besides，in addition，worse still，moreover，above all等。⑦表示总结的连接词，如in a word，on the whole，in short，briefly，in brief，to sum up，in all等。

3. 谋篇，培养学生的想象力，提高"雅"类学生的创新性

"雅"类学生拥有一定的词汇量储备，能利用简单的句子表达自己的观点，具有一定的表达能力，但是文章段落内要点之间松散，常用一些基础词汇，致使词汇运用不丰富，缺少变化；无主题句，段落间有一定衔接但衔接词使用不恰当，致使文章表达杂乱、松散，显得刻意不自然，缺少整体性。想让

"雅"类学生能完全完成高考书面表达要求，就必须美化词句，增加文章内部的有效衔接，提高学生写作的创新性。

（1）添枝加叶，句式升级。

"雅"类学生在写完作文后，笔者都要求他们对自己所写的句子进行重新加工，通过短语替代单词、转化句式、非谓语动词的使用、it句型、倒装句型、强调句型等方式美化句子表达，鼓励学生使用复杂结构和高级词汇表达，提高语言运用能力。例如，在话题复习"School Life"单元中，笔者要求学生将写出来的部分句子进行再加工。

（2）"1+N"，恰当衔接，增强文章紧凑性。

一篇文章要达到紧凑性就要有中心和主题，有恰当的衔接，使段落内要点之间紧密结合。在训练学生书面表达时，笔者教会学生使用"1+N"的方式来完成主体段落。"1"是指一个段落中要有一个主题句，"N"是指有多个论据支撑着这个主题句。学生在表达论据的过程中根据语境的实际需要添加适当的过渡衔接词，使文章流畅、自然。

（3）合理布局，同文异构。

"雅"学生要想完全完成试题规定的任务，完全达到预期的写作目的，还要注意书面表达的整体布局和规范书写。在教学过程中，笔者常有意识地引导"雅"类学生对经典高考试题进行分析，掌握布局谋篇的策略，鼓励学生突破思维狭隘，拓展表达能力，发挥想象力，大胆地对高考范文进行同文异构。

综上所述，在《中国高考评价体系》的引领下，分层教学法是构建高中英语书面表达高效课堂的有效策略，也是在教学实践中较易实施的一种教学手段，在因材施教、营造良好的课堂教学氛围、激发学生学习的主观能动性和自主探究意愿方面均有重要的促进作用，能够提升高中学生英语书面表达的水平和质量，是培养学生英语核心素养的有效方法。高中英语教师应转变教学观念、改进教学方法、实施分层教学，为培养学生全面发展、实现立德树人总目标而努力。

参考文献

[1]李勇,赵静宇,史辰羲.高考评价体系的基本内涵与主要特征[J].中国考试,2019(12):7–12.

[2]黄春梅.高中英语分层教学法的应用现状分析[J].新课程研究(中旬-双),2019(2):78–79.

孙 文

——四川省彭州市敖平中学

孙 文——四川省彭州市教平中学

核心素养指导下的高中英语语篇解读

语篇解读是阅读者与作者之间产生思想观点的交流、碰撞、共建的过程，是中学英语重要的教学内容，也是渗透和落实学科核心素养的重要手段之一。《普通高中英语新课程标准（2017年版2020年修订）》（以下简称《新课标》）指出语篇承载着语言知识和文化知识，传递了文化内涵、价值取向和思维方式。语篇不仅为学生发展语言技能和形成学习策略提供语言和文化素材，还为学生形成正确的价值观提供平台。教师在教学时要认真研读和分析语篇，在引导学生挖掘主题意义的活动中，要整合语言知识学习、语言技能发展、文化意识形成和学习策略运用，落实培养学生英语学科核心素养的目标。英语课堂教学中的主要实施载体为阅读语篇，为了适应新课标、新高考的变化，新教材应运而生。在"三新"的背景下，四川省正经历着一场教育的重大变革。然而，随着新教材的推广使用，接触到新教材的教师们普遍反映教材内容多、立意深，难以把握，教材内容对教师的教和学生的学提出了更高的要求。并且，以往的英语课堂教学中，"满堂灌""填鸭式"的教育不绝于耳，教师多重视词汇、语法，忽视语言的运用与交流，学生的英语综合语言运用能力难以得到提升。传统的英语课堂教学中仅仅对语言知识的关注已远远不能达成《新课标》中的要求，这就对教师语篇解读的能力提出了新的要求。探析文本背后的深意，教师通过教学改革，真正使学生学习英语的过程成为提高综合人文素养的过程。因此，要想得心应手地使用新教材，完成英语学科的课程目标以及学科核心素养的渗透，教师更应该注重提高自己语篇解读的能力。

一、语篇解读要素

语篇解读既指教师在备课时对文本的解读，以把握文章的主题、内容以及文本涵盖的语言现象、文化等，也指课堂上教师引导学生理解文本的过程。因此，语篇解读是英语课堂教学的重要一环，影响学生英语的学习程度。本研究所列举的语篇解读要素主要包括语篇主题、语篇体裁、语篇内容和情感态度。当然，语篇解读的要素肯定不止这四个方面。在今后的教学生涯中，笔者将以《新课标》为理论指导，借鉴吸收前人的经验，更加细心钻研语篇解读要素，落实培养学生英语学习学科核心素养的要求。

（一）语篇主题

话题和主题意义是与主题息息相关的概念。在探究语篇的主题时，本文同时也梳理了主题、话题和主题意义的区别。从本质上讲，话题是语篇特定的内容，主题是具有普遍性的、相对抽象又高度概括的概念，而主题意义是由语篇内容延伸出去的、细节的因而具有普适性的意义的。《新课标》特别指出，主题为语言学习提供主题范围或主题语境。并且，学生学习语言最重要的内容是对主题意义的探究，直接影响学生语篇理解的程度、思维发展的水平和语言学习的成效。普通高中英语课程的内容要按照包括主题语境在内的六个要素描述所规定的学习内容和要求。其中，主题语境包括人与自我、人与社会和人与自然。在进行语篇解读时，教师应特别关注到这一点，并且，解读不同主题语境的语篇时也应该有所侧重。

（二）语篇类型

阅读教学是主要依靠语篇进行的语言教学。学习语篇类型是发展学生学科核心素养的基础之一。语篇类型是指记叙文、议论文、说明文、应用文等不同类型的文件，以及口头、书面等多模态形式的语篇。不同的语篇有着不同的行文结构、文体特征和表达方式。例如，记叙文通常用来写人记事、写景状物，一般都清楚交代了时间，地点，人物，事件的起因、经过和结果。说明文通常是通过具体说明和解释，客观地说明事实和阐述道理，具有一定的知识性和严格的科学性。在教学中对语篇的语篇类型进行解读是势在必行的。语篇解读应关注语篇类型，根据不同的语篇类型设计相应的教学活动，有助于学生建构阅读图式，体悟文本深层内涵，理解文本背后的文化语境。

（三）语篇内容

一整篇文本、一个段落、一个句子、一个单词都有一个内容。本文将从文章中的词汇、段落、句子和语法对语篇的内容进行解读。语篇内容不能过于单薄、肤浅或者过于陈旧，必须符合能调动学生的学习积极性，有利于开展深度学习的条件。在如今新课标、新教材、新高考的背景下，教师可选择的适合学生阅读的语篇越来越多，语篇内容是一个很宽泛的概念，因此，本研究在对语篇内容进行解读时主要集中于对语篇中的遣词造句、段落、语法以及语言特色进行解读。

（四）情感态度

语篇中的情感态度通常包括作者的写作态度和语篇中的人物情感态度。情感态度到位的文章才具有吸引读者、感染读者的力量，通过情感的渲染，才能引起读者共鸣，并且多数文章也是通过渲染情感态度，主题才得以升华。在经济全球化的今天，在文化自信的背景下，教师在对文章的情感态度进行解读时，也要注意在落实培养学生的文化意识这一学科核心素养的同时，注重提升学生的跨文化交际能力。这也是学生表现出的跨文化知识、态度和行为的取向。理解作者或文章人物情感态度是学生坚定文化自信和人类命运共同体的一个重要环节。

二、浅析核心素养指导下的语篇解读策略

教师在阅读教学时要认真研读和分析语篇，在引导学生进行语篇学习的活动中，要整合语言知识、语言技能发展、文化意识形成和学习策略运用，落实培养学生英语学科核心素养的目标。下文将以核心素养为指导，基于以上提到的四个方面的语篇解读要素，提出具体的语篇解读策略。在浅析语篇解读策略过程中，本研究将以外研版（2019）高中英语教材中的必修二Understanding Ideas中的阅读语篇When Hamlet Meets Peking Opera为例进行解读。该阅读语篇讲述了作者第一次观看《王子复仇记》——京剧版《哈姆雷特》的感受。文章通过作者观前、观中、观后对京剧的情感变化，抒发其对京剧艺术的喜爱之情。

（一）创设语篇情境，激发学习兴趣

When Hamlet Meets Peking Opera这一阅读语篇的主题语境为人与社会，主题群为文学、艺术与体育。主题内容为作者第一次观看《王子复仇记》——京剧版《哈姆雷特》的感受。教师在进行解读之前，应首先注意分析学生学情。学生对京剧这一艺术形式都有所了解，但是大多数学生对《王子复仇记》，特别是《哈姆雷特》都知之甚少，在学习过程中难免失去学习兴趣。因此，在对本篇文章进行解读时，教师可以设计能调动学生学习兴趣和积极性的活动，如以图片、音频、视频等多模态手段，增添学生的文化背景知识。教师通过比较、搭配等题型的教学活动让学生感受到中西方戏剧的区别，使学生能带着对文本的好奇心和求知探索欲正式进入语篇的学习。

（二）合理选择语篇，了解语篇类型

正如前文所说，选择合适的语篇才有助于调动学生英语学习积极性，有利于开展深度学习。本篇文章选自外研社（2019）教材中的文章，是教材编写者们精心挑选和推荐的。但是教师在平时的教学中或多或少会为学生进行学习材料的补充。因此，教师应选择符合学生年龄、年级和学情等的语篇进行解读，实施课堂教学。以本篇阅读为例，它是选自教材中的文章，为夹叙夹议类型的语篇，教师可通过明线和暗线对文章进行解读。明线以时间顺序记录了作者观看京剧《王子复仇记》的过程，暗线以作者的情感变化抒发了作者对《哈姆雷特》和《王子复仇记》的感悟，特别是对京剧这一种艺术形式的喜爱。教师带领学生阅读文本，在解读明线与暗线的同时也能培养学生的思维品质。

（三）构建思维导图，内化语篇知识

在阅读教学中适时运用思维导图能有效促进学生阅读能力的提高，帮助学生有效地获取信息、处理信息、分析问题和解决问题，促进学生核心素养的发展。如今英语阅读教学尽管强调在语境中学习词汇，在语篇中学习句义，但教师如若在备课时对语篇中的关键词句进行解读，那么他在授课时将会胸有成竹。本篇阅读所处的整个单元的话题为Stage and Screen。教师在Starting Out这一部分可以引导学生进行词汇的头脑风暴并做出思维导图，也能激活学生的背景知识，如图1所示。

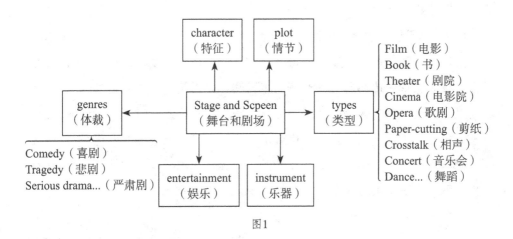

图1

在对文章的段落进行解读时，如表1所示，不难发现，本篇文章是以时间为顺序描写了作者对京剧观前、观中和观后的感悟。因此，段落之间逻辑非常缜密，联系非常紧密。

表1

段落	解读
Para1 段一	Until the Peking Opera came to town. （直到京剧来到我的城镇。）
Para2 段二	Dating back to 18th century, （追溯到18世纪。）
Para3 段三	Starting with an orchestra playing traditional Chinese instrument, （从管弦乐队演奏中国传统乐器开始。）
Para4 段四	Easily my favorite part of the show was how the characters moved on stage. （我最喜欢的部分是角色在舞台上的移动方式。）
Para5 段五	Before experiencing The Revenge of Prince Zidan, （在体验《王子复仇记》之前。）

此外，本篇阅读的语法为doing非谓语做状语，如Having seen quite a few productions of Hamlet and read the play many times...这一种语法形式多用于书面表达中，使句子更加正式和简洁明了。并且，本研究在语言上用了大量的形容词如important、completely new、surprised、amazing、unique、favorite、incredible等。这些形容词都能很强烈地表达作者的情感，而且也体现了作者对

京剧前后情感的对比。

（四）基于语篇解读，识别情感态度

　　无论是作者的情感态度，还是文章中人物的情感态度，都是基于对文章的解读，最终实现对语篇理解的升华。本篇阅读是以第一人称视角写的，因此作者态度也就是文章中人物的态度。那么，教师在解读语篇时可以设计下面这一活动，引导学生通过划分段落，更好地分析作者的情感态度的变化。通过对作者情感态度的解读，学生感悟文章的升华，深入浅出，理解中外艺术的碰撞，从而加深对中华文化的喜爱，增强文化自信，如图2所示。

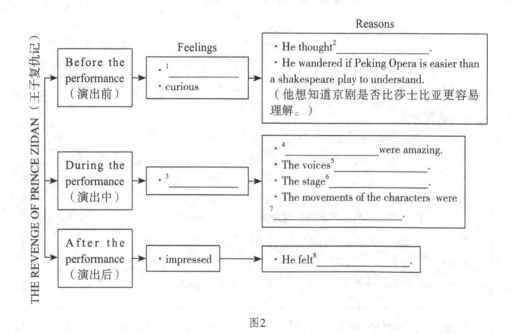

图2

三、结语

　　本研究对语篇解读的要素进行分析，并且结合实例探讨了教师在语篇解读时的策略，具有实施的可行性。语篇解读要素不只本文中所提到的要素，解读策略也有所不足。因此，为了提高英语阅读教学的有效性，教师应具备多元化解读语篇的技能，结合自身实际，汲取他人经验，从学生实际、课堂实际、学科核心素养的角度出发，多角度帮助学生理解语篇，提升学生的综合语言运用能力，落实立德树人任务，培养学生英语学习学科核心素养。

参考文献

［1］葛炳芳.英语阅读教学中的读写整合［M］.杭州：浙江大学出版社，
2014.

［2］中华人民共和国教育部.普通高中英语课程标准（2017年版）［S］.
北京：北京人民教育出版社，2018.

［3］孙国良，刘晋霞.基于学科素养的中学英语语篇解读新探［J］.教育理
论与实践，2020（29）：62-64.

［4］程晓堂.基于语篇分析的英语教学设计［J］.中小学外语教学（中
学），2020（10）：1-8.

［5］董晓强.文本解读应关注语篇体裁［J］.语文教学通讯·B刊，2021
（6）：63-65.

［6］李海，何关远，李燕.思维导图在高中英语阅读教学中的运用［J］.基
础外语教育，2016（5）：81-87.

刘欢欢

——彭州市濛阳中学

思维导图在高中英语语篇解读中的应用

　　语篇解读是高中英语教学中的重要一环，它既能体现学生的语言能力，又能反映其思维方式。然而，在英语教学实践中，学生英语语篇解读的过程并不顺利。例如，有些学生阅读语篇时没有抓住中心意思，或者是由于对语篇的主题不了解、不理解而无法抓住重点信息，从而导致语篇阅读过程中的很多障碍无法清除。而思维导图作为一种将思维可视化的工具，能以一种简单有效的方式将大脑中复杂且无序的思维呈现出来，可以有效帮助学生解决语篇解读过程中的诸多障碍。

　　随着新课程改革理念和思维导图在教学领域应用实践的深入开展，越来越多的教育工作者开始认识到思维导图在英语语篇解读过程中的重要价值。作为一种基于大脑活动原理的学习方法，思维导图能够有效激发学生思维，促使其建立起整体、系统的学习认知体系，从而能够快速、高效地把握语篇核心信息和结构。在高中英语教学实践中，教师可通过应用思维导图辅助高中英语教学。

一、高中英语语篇解读中常见问题

　　笔者认为，对于高中英语而言，语篇解读就是要解读作者的思想、意图，这是语篇解读的出发点和归宿。然而，在实际教学中，教师发现学生在解读语篇时往往会出现如下问题。

　　（1）学生缺乏对语篇的整体感知。在初中阶段，学生已积累不少的词汇量和语法知识，但是他们所学习的英语语篇往往是片段，或是简单的句式组合，而且没有一定的逻辑性，这使他们无法将其所学知识有机地整合到语篇中。

　　（2）学生难以从语篇中理解作者的意图和观点。许多高中生对英语语篇的理解停留在词汇层面上，他们往往只知道某一个词或几个词表达了什么意思，但是却不知道这个词或几个词之间以及同整个语篇之间的关系。因此，当他们遇到不同于他们认知结构中已有知识结构的文章时，往往会感到无从下手。

（3）学生在阅读过程中容易出现大量错误。在高中英语阅读课上，教师会发现一些学生总是读不懂文章，原因在于他们在平时阅读时容易受到各种干扰，导致他们的注意力不能集中在文章上。而造成这种现象的主要原因是学生没有掌握一定的阅读方法和技巧。

因此，为了解决上述问题，笔者认为高中英语语篇解读必须从以下几个方面入手。

（1）关注语篇结构。语篇是由一系列相互联系的句子构成。因此，教师必须帮助学生了解语篇是如何组织起来的、组成语篇的这些句子是怎样联系在一起的以及这些句子之间有什么样的关系。只有这样，学生才能正确理解语篇结构中的每一个句子及整个语篇。

（2）关注文章主旨和细节。作为高中英语教材中的重要组成部分，语篇在文章中占有非常重要的地位，因此，教师必须让学生通过阅读语篇来了解文章的主旨以及作者在文中所表达的观点。教师可以采用多种方式帮助学生来理解语篇，例如，让学生以小组为单位展开讨论或开展小组间的辩论等。

（3）关注上下文。有些时候教师会发现一些学生在阅读语篇时总是会出现大量的错误，其原因在于他们不知道语篇中隐藏着哪些信息，他们在阅读时容易受到文章中上下文之间的关系以及各种逻辑关系的干扰。因此，教师必须帮助学生了解上下文之间存在怎样的关系，并掌握一定的逻辑推理方法。

（4）关注语篇中句子间的逻辑关系。在高中英语教学中，教师发现许多学生往往不知道语篇中有哪些句子，以及这些句与句之间存在怎样的关系。语篇往往是由一个个知识点构成的体系，因此，教师必须帮助学生了解不同知识点之间是怎样关联起来的，从而帮助他们更好地理解语篇内容。

二、思维导图在高中英语语篇解读中的意义

（1）在高中英语课堂教学中运用思维导图，能够有效地帮助学生从整体上把握语篇，掌握语篇的内容和结构，从而使学生从整体上把握语篇的逻辑关

系，理解语篇所要表达的主题思想，通过对语篇结构、内容的分析和理解，能够培养学生运用语言的能力。

（2）思维导图能够将语言与图形相结合，一方面可以帮助学生积累词汇，另一方面也可以让学生通过看图来理解语篇。这样的方式能够把抽象的语言材料与图形结合起来，让学生对学习内容产生更加深刻的印象，从而加强学生的理解和记忆能力。

（3）运用思维导图可以使语篇中的关键词和句型形成有意义的关联，教师可以利用这一功能让学生将所学知识与关键词、句型联系起来，这样在理解语篇内容时就不会只看到具体事物本身的信息，而是能够将具体事物和语言抽象信息有机结合起来。

（4）思维导图能够培养学生的综合分析能力和语言运用能力。它有助于增强学生语言应用能力，提高英语口语表达水平和交际能力。因为思维导图所表达的是一个有逻辑、有层次的整体结构。在运用思维导图进行教学时，教师可以根据教学内容将各个知识点进行分类汇总，便于学生对知识进行巩固和深化；可以引导学生通过思维导图找出各知识点之间的联系和区别；也可以引导学生按照不同知识点间不同的逻辑顺序进行分析和总结。

（5）运用思维导图能够调动学生学习的积极性和主动性。在教学过程中合理运用思维导图后，教师能根据学生的认知情况创设出不同难易程度的问题让学生自主探究。

三、思维导图在高中英语语篇解读中的灵活应用

高中英语教材在编排上有其独到之处，在英语语篇解读的过程中，教师应该充分利用好这些特点，努力寻找切入点，对学生进行有针对性的指导。思维导图是一种较为先进的思维方式和学习方式，能够帮助学生全面系统地掌握知识框架，提高学习效率和效果。因此，在高中英语新外研版教材的使用过程中，教师可以充分利用这一优势开展教学活动。下面，笔者以高中英语新外研版教材部分语篇为例，进行阐述思维导图在高中英语语篇解读中的灵活应用。

（一）利用思维导图引入语篇主题

在课前导入部分，教师往往会根据语篇主题进行适当讨论，使用思维导

图进行头脑风暴。思维导图在高中英语语篇解读中的灵活应用，使教师在课前导入部分就能够迅速地抓住学生的注意力，从而使教师能够快速地将课堂引入正轨。

（二）运用思维导图理解语篇结构

在对高中英语教材中的语篇进行解读时，教师要注重对语篇结构的分析和把握，帮助学生了解语篇的逻辑关系，从而能够更好地理解语篇。在教学过程中，教师可以先向学生提出问题，引导学生进行思考，然后引导学生使用思维导图分析语篇结构，找到语篇中的关键词和句型等，或者一步步引导学生完善思维导图，从而加深对语篇的理解。在学生学完一篇文章后，教师可以根据思维导图引导学生口头复述文章，培养学生的口语表达能力和归纳总结能力。

（三）运用思维导图探究作者情感态度

在对语篇进行解读时，教师要注重对文章的情感态度的分析和把握。在教学过程中，教师可以引导学生利用思维导图找出作者在语篇中所表达的情感态度。

四、总结与反思

英语是一门语言，学生不仅要有扎实的语法基础，还要能够灵活地将所学知识灵活应用在语篇解读中。而思维导图作为一种思维工具，能够帮助学生更好地对语篇进行理解和把握，使学生在学习时能够更清晰地了解自己所学的内容。但教师也应认识到，思维导图对于学生来说，毕竟是一种新型的工具，教学过程中难免会存在一些问题。所以在利用思维导图进行高中英语语篇解读时要注意以下几个方面。

第一，教师要有一定的英语基础和教学经验。教师除了要能够熟练地运用思维导图进行高中英语语篇解读，还要有一定的英语基础和教学经验，这样才能够在进行高中英语语篇解读时充分地理解作者的写作意图以及写作背景和文章的内涵。

第二，要对所学内容进行重新梳理和整合。教师在使用思维导图对语篇进行分析时，一定要将语篇中的主干知识结构进行整理和整合，以便学生能够快速地把握文章主题的主旨以及文章主旨思想。

第三，要注意结合学生的实际情况。在利用思维导图对高中英语语篇解读时，一定要结合学生的实际情况来具体分析学生在学习中存在哪些问题及产生这些问题的原因是什么，这样才能更好地帮助学生找出解决问题的方法。

第四，教师要指导学生根据语篇绘制思维导图并理解文章。在引导学生绘制思维导图时，一定要注重引导学生主动思考如何用语言组织起来进行语篇解读。对于学生来说，当他们能够自主绘制思维导图时，才说明他们已经初步掌握了所学知识。

参考文献

［1］朱俊丰.高中英语阅读教学中思维导图的适时运用［J］.学周刊，2019（28）：144-145.

［2］马武林，陈钰.思维导图辅助高中英语语篇教学理论探讨［J］.现代教育技术，2008，18（3）：55-58.

［3］杨洁.学科核心素养背景下思维导图在语篇解读中的运用探究：以新课标人教版高中《英语（选修6）》Unit 4 Reading为例［J］.英语广场：学术研究，2022（4）：126-129.

［4］方益萍.思维导图在高中英语阅读教学中的应用分析［J］.中学生英语，2019（10）：4-5.

［5］罗荣良.思维导图在高中英语解读语篇教学中的实践与探究［J］.英语教师，2021，21（6）：158–160，163.

张 婷

——彭州市第一中学

立足语篇分析，培养思维品质

——以 "Click for a friend" 为例

一、研究背景

2017年教育部颁布的《普通高中英语课程标准（2017年版2020年修订）》（以下简称《新课标》）为高中英语教学指明了方向，《新课标》提出发展学生英语学科核心素养，旨在发展学生的语言能力、文化意识、思维品质和学习能力等。作为构成英语学科核心素养的重要成分，思维品质是指思维在逻辑性、批判性、创新性三个方面展现出来的能力和水准。英语学科核心素养的心智特征是由思维品质所展现出来的。语篇是英语教学的重要载体，赋予阅读材料主题、情境与内容。在语篇教学中，教师对于语篇的解读深度决定了培养学生思维品质的深度。同时《新课标》也指出，所有学习活动应基于语篇来实施，要在主题语境范围下，以不同的语篇类型为依托，设计出不同层次的语篇解读活动，提高学生英语学科核心素养。由此可见，基于语篇分析的阅读教学对提升高中生的思维品质有很大的促进作用，同时，对其终身发展也影响颇深。

然而，在实际教学过程中，由于部分教师疏于培养学生的思维能力，致使学生阅读能力的提升受到较大的制约。有些教师将教学的侧重点放在语言教学或语法教学上，忽略对语篇进行更深层次的挖掘。这样的教学倾向会导致诸多问题。学生没有深度的阅读体验和思考，不能真正理解语篇的主题意义，其阅读仅停留在对单个生词和短语的理解，或对基本细节信息的获取和处理上，难以挖掘语篇内在的逻辑性，无法准确把握作者的写作目的、观点和态度及其成因，难以理解作者通过诸如谋篇布局、段落连接、举例证明等方式阐释自己的观点和态度。由于学生对语篇逻辑和语篇主题意义的理解不够充分，他们自然对一些体现思维训练的设问不知所措。

笔者以新外研版高中英语必修一Unit 4 Click for a friend这一篇与生活息息相关的文本为教学内容，试图通过分析这节课例设计和教学情况，进一步探讨如何落实在高中英语阅读课中以语篇分析为基础培养学生的思维品质，进而发展其英语学科核心素养。

二、教学分析

（一）学情分析

本节阅读课的学生来自高一年级。经过初中的学习，大部分的学生已经掌握了一些初步的阅读策略，并具备了一定的概括能力，但学生目前的语言知识积累和思维水平不足以让他们能够完全理解语篇的含义。从议论文语篇的论证思维来看，学生需要在教师的指导下进行深入的文本分析，加深对语篇主题意义的理解，进而批判性地看待作者的观点，优化学习策略，这也是本节阅读课的教学重点和难点。

（二）教学内容分析

语篇Click for a friend主题语境为人与社会，内容为网络交友，体裁为议论文。文章通过对比，指出因为科技的进步，大众交友的方式产生了很大的变化。通过互联网，人们可以与朋友保持联系或结交志趣相投的朋友，但同时也很难判断对方的信息是否真实。作者认为，交友的方式尽管在改变，但是人们交友的需求会一直存在。语篇标题采用的形式是疑问句，引起学生对线上交友方式的深思。语篇开篇又连用了两个疑问句，让学生来比较、体会过去的交友方式，随之写现代交友及维持友谊的方式发生了很大的变化。接下来，在第2、3段中，作者主要表达了网络交友的益处——寻找志同道合的朋友，并使用例子论证观点。在第4段，在语篇标记语"But"后转向了网络交友的缺点，第4、5段使用设问句提出观点：网络交友不一定真是你的朋友。第6、7段通过解释及举例的方式进行了进一步的论证。最后一段作者表达了自己的立场：技术虽然改变了人们交友的方式，但交友的需求及意义都未曾改变。为了理解上述内容，学生需要通过阅读和分析文本，挖掘作者在论述自己的观点时所呈现的思维路径，并通过学习语篇思维路径更好地理解语篇主题意义。同时，学生要基于课文内容和生活实际，运用话题语言的相关知识，辩证地认识并评价网络交友的现象，提高批判思维、创新思维及综合语言运用能力。

（三）教学目标

教学目标是课堂教学的出发点和归宿，教学目标是否明确直接影响教学环节的设计以及课堂教学的实际效果。基于文本分析和学情分析，笔者将本课的教学目标设计如下。经过本节阅读课的学习，学生能够达到如下目标。

（1）熟悉话题语境，获取文章的主旨大意并完成思维导图，判断作者对网络交友的态度。

（2）理解课文结构及内在逻辑，梳理相关细节信息，初步了解议论文的文体特征。

（3）运用话题相关知识，结合生活实际，辩证地认识并评价网络交友的现象，提高批判思维、创新思维及综合语言运用能力。

（四）教学过程

1. 引入

教师通过一个小调查，即让学生回答三个问题。

Q1：How do you prefer to make friends? （你更喜欢如何交朋友？）

Q2：How do you prefer to communicate with friends every day? （你更喜欢每天和朋友如何交流？）

Q2：How do you stay in touch with far away friends? （你如何与远方的朋友保持联系？）

引导学生头脑风暴，了解学生的交友方式，激发学生对语篇的兴趣，激活学生的语篇思维。

2. 阅读并检测预测、掌握内容主旨

学生第一次阅读时，笔者设置了统领性问题指引学生领会文本。随后概括段落大意，建立语篇的系统框架，整体厘清语篇。

3. 详细阅读、分析语篇

学生再次阅读文本并完成思维导图，通过对比过去与现在交友方式的不同，表明科技让交友变得便利，人们在网络上更容易找到志同道合的朋友，不受距离的限制。但在第4段，用了But when you "friend" people online, does this mean that they really are your friends? （当你在网上与人们"交朋友"时，这是否意味着他们真的是你的朋友？）话锋一转，举例论证了网络交友可能面临的危险，最后，作者用 "But this doesn't mean that we should throw the baby out with the bathwater." （但这并不意味着我们应该良莠不分，一同抛弃。）表明我们不能因噎废食，技术虽然改变了人们交友的方式，但交友的需求及意义都未曾改变。

学生在思维导图的引导下进行有目的的详读。思维导图通过"网络交友"这一主题词，浓缩语篇关键信息，为学生建立起逻辑性思维的起点，同时也为接下来更加深入培养逻辑性思维的教学活动打下牢固的基础。随后，教师引导学生分析梳理作者为了证明自己的观点所举的示例，如说明网络交友的优点的举例，论证了网络能突破例举的限制，时效性更高，交友范围更广等优点。在说明网络交友的缺点时，也举例论证了网络上人们更容易隐藏自己的缺点，展示自己的优点，这样的友谊真实性和长期性都会存疑。作者的多维度论证思维通过思维导图显性化，学生能够直观地学习论证的逻辑思路和方法，领会议论文语篇中的多维度论证法，能强化论证力度，从而使论证更具说服力。

在总体分析示例后，教师进一步引导学生关注作者对单个示例的逻辑表达。例如：

But when you "friend" people online, does this mean that they really are your friends? （但是，当你在网上与人"交朋友"时，这是否意味着他们真的是你的朋友？）

But this doesn't mean that we should throw the baby out with the bathwater. （但这并不意味着我们应该良莠不分，一同抛弃。）

学生认识到作者选择有逻辑意义的词汇为思维路径的呈现服务，同时进一步强化了论证的力度，使论证更具说服力，有助于学生更深刻地理解表达背后的逻辑。

4. 提炼作者观点

在完成对语篇主题意义的探究后，教师引导学生再次回想、梳理整个语篇，探究作者的态度观点。作者既肯定了网络交友的便利性，也客观陈述了网络交友可能遇到的问题，但也没有持全盘否定的态度，而是表示不能因噎废食，因为害怕危害而舍弃优点。在此基础上学生可以归纳出议论文的基本思维路径，即"Opinion—Reason—Examples—Opinion"。学生通过阅读和分析语篇，挖掘出隐形的思维路径。通过此方法，学生更加容易发现和理解本阅读语篇的思维内容，实现了对语篇主题意义的深度理解，加强了思维意识，形成了新的思维模式。此外，学生不仅可以将这一思维路径迁移到其他议论文的阅读理解过程中，而且可以在表达观点时运用该思维路径，从多维度客观分析问题，拓展思维的广度和深度，实现思维能力的持续性发展。

5. 创设情景，输出表达

在阅读完成后，笔者给出一个情景，让学生根据本语篇所学知识，有逻辑地、统化地表达自己的观点。

Think and judge according to the information below：（根据以下信息思考和判断：）

Li Hua's sister has communicated with a friend Mingming on the Internet for a year. Mingming said he was 16 years old，he always praised Li Hua's sister and he was a student，too. Except for that，he told nothing about himself. In the mean time，he asked a lot of questions about Li Hua's sister，such as her real name，age and school，etc. Is Mingming a true friend or not？State your seasons.（李华姐姐在网上和朋友明明交流了一年。明明说自己16岁了，一直夸赞李华的姐姐，他也是个学生。除此之外，他没有说任何关于自己的事情。同时，他问了很多关于李华姐姐的问题，比如她的真实姓名、年龄、学校等。明明是不是真正的朋友？说明你的理由。）

I think he's a true friend because...（我认为他是一个真正的朋友，因为……）

I don't think he's a true friend because...（我认为他不是一个真正的朋友，因为……）

三、结语

在高中英语教学中，教师应积极引导和点拨学生，深入探索并充分挖掘教材，带领学生在品读鉴赏中感受语言的魅力，基于语篇主题内涵的特点，促使学生主动感知和品味语篇中的语言美，"润物细无声"地受到思想的洗礼，从而提高自身的学习能力。在实践活动中，教师应该深层次地挖掘教材语篇的思想内涵，寻找与育人价值的有机结合点，育德育心。只有这样，才能真正提高学生的英语学科核心素养，促进学生的全面发展。

参考文献

[1] 程惠云. 英语阅读文本的分析方法和案例 [J]. 英语学习（教师版），2016（6）：9–12.

[2] 黄国文. 功能语篇分析纵横谈 [J]. 外语与外语教学，2001（12）：1–4，19.

[3] 陈则航，王蔷，钱小芳. 论英语学科核心素养中的思维品质及其发展途径 [J]. 课程·教材·教法，2019，39（1）：91–98.

颜 瑜

——彭州市嘉祥外国语学校

基于"教学评一致性"的阅读教学实践

——以北师大版《英语》Unit 3 Celebrations Spring Festival（庆祝春节）板块教学为例

一、"教学评一致性"理念

《普通高中英语课程标准（2017年版2020年修订）》提出"教学评一致性"理念，即完整的教学活动包括教、学、评三个方面。"教"是教师把握英语学科核心素养的培养方向，通过有效组织和实施课内外教与学的活动，达成学科育人目标；"学"是学生在教师的指导下，通过主动参与各种语言实践活动，将学科知识和技能转化为自身的学科核心素养；"评"是教师依据教学目标确定评价内容和评价标准，通过组织和引导学生完成以评价目标为导向的多种评价活动，以此监控学生的学习过程，检测教与学的效果，实现以评促学，以评促教。具体而言，教师以课程目标为依据，有机整合课程内容，精心设计学习活动，以主题意义为引领，以语篇内容为依托，通过创设具有综合性、关联性和实践性的英语学习活动，引导学生采取自主、合作的学习方式，参与主题意义的探究活动，从中学习语言知识，巩固语言技能，汲取文化营养，开拓多元思维，塑造良好品格，优化学习策略，提高学习效率，确保语言能力、思维品质、文化意识和学习能力的同步提高和全面发展。在素质教育大背景下，"教学评一致性"理念的提出，一改过去以考试为导向的教学，更多聚焦课堂，关注学生学习过程，以此指导英语教师的日常教学。教学评一致性不再是独立存在的个体，而是根据教学内容有机整合在一起，微观上以实现课堂教学成果为教学目标，宏观上以实现培养学生英语学科核心素养为目标的整体。

笔者认为，"教学评一致性"中"一致性"主要体现在以下方面。

（1）教与学的一致性。即教师应以立德树人为最终目标，结合英语学科核心素养，根据具体教学内容，并且结合学生实际学情，了解学生已知，清楚学生能力，明确学生须知，从而确定教学目标，并设计多样且恰当的教学活动来实现教学目标。

（2）评与教/学的一致性。即通过评价可以更有效地协助教师掌握学生的学习状况，从而及时调节课堂教学速度、教学内容及方法，为教师的"教"提供参考，更好地促进学生的学习。同时，评价应紧紧围绕学生的"学"，通过评价，对学生的学习产生引导、激励和反馈鉴定的作用，让学生能够及时了解自己的学习情况，调整学习状态，从而有效促进学习。

二、基于"教学评一致性"的阅读教学实践

高中英语阅读教学是通过指导学生阅读语篇，发展学生的语言技能，帮助学生形成学习策略，了解文化内涵，并逐步引导学生形成正确的世界观、人生观和价值观。教学过程以落实培养学生英语学科核心素养为目标，关注提升语言能力的同时，培养学生的思维品质、文化意识和学习能力。

结合"教学评一致性"理念，高中英语阅读以培养学生英语学科核心素养为导向，通过分析主题意义、语篇内容与学生学情，合理制定教学目标，确定教学方法及活动，从而明确评价内容、方式及标准。在教学过程中，仍应注意体现教与学的一致性以及评与教/学的一致性。本文将以北师大版《英语》Unit 3 Celebrations Spring Festival板块的阅读理解为例，结合"教学评一致性"理念，阐述教学实践，以期为"以教学评一致性"理念为理论基础的英语阅读教学提供参考。

（一）教与学的一致性

教与学的一致性主要体现为教师"教"与学生"学"的统一性。落实到英语阅读课堂中，教师应基于文本，基于学情，通过深入分析文本，充分了解学生，制定合理的课堂教学目标，并根据教学目标制定多样且恰当的教学活动。而学生则应参与教学活动，达成教学目标。

布鲁姆曾说过："有效的教学，始于期望达到的目标。"课堂教学目标

是教学活动的灵魂，是衡量教学活动有效性的准绳，更是学生学习的导航。因此，教师应基于课标理念和要求，分析单元主题、逻辑、文本和学情，重点聚焦文本主题、内容、文体结构、语言特征及育人价值，分析学生学习该主题和文本时所具有的基础认知、生活经验、语言水平和态度及价值观倾向。

结合文本解读和学情分析，基于学生已知，发现内容与学生之间在认知、经验和情感态度的差距，设计教学目标，审视目标是否体现了学科核心素养要求，是否可以帮助学生补足差距，是否可操作、可检测、可观测。根据Spring Festival一文，为合理制定教学目标，教师对文本和学情进行了深入分析。

1. 文本解读

根据该语篇在单元所处位置及语篇解读的三个维度（what、why、how），对语篇主题、内容、文体结构、语言特点、作者观点等进行深入解读。作为该单元第1个主语篇，本文在Topic Talk板块口头讨论重要庆典的时间和活动的基础上，进一步探究春节背后的文化与意义。语篇从三个不同年龄、国籍、地域、身份的叙述者的角度，用真实、自然且极具画面感的语言，通过对比的方式，呈现了春节期间他们的经历、感受以及春节的文化，让读者理解春节所蕴含的文化内涵，进一步理解春节作为中国传统节日的重要意义。

2. 学情分析

本课时的教学对象是高一学生。从话题的角度分析，春节是学生熟悉且感兴趣的节日，但学生对春节背后所蕴含的文化内涵和意义认识不够深刻。从语言能力的角度分析，学生能够用英语简单描述部分春节活动，但对春节活动的英语表达储备不足。同时，学生能通过读与看，抓住语篇大意，获取主要信息、观点与文化背景，但欠缺基于所读和所看内容进行推断、比较、分析和概括的能力。从思维能力的角度分析，学生能够较容易地从浅层理解文章，但在理解编者选材角度及文章组织方式上有一定的困难。

根据教学目标制定ABCD法，即教学目标表述要包括行为主体（audience）、具体行为（behavior）、行为条件（conditions）、表现程度（degree），制定如下教学目标。

通过本节课的学习，学生能够达到以下目标。

① 通过视频、文本，获取有关春节活动的表达，并能谈论春节活动。

② 通过梳理语篇中的春节活动、原因，推断叙述者的感受，分析并概括出春节对于三个叙述者的特殊意义。

③ 基于对编者选材角度及文章组织方式的分析，探索春节的重要意义，并结合自身体验谈论自己对春节意义的理解。

教学重点：学生能够用英语描述春节期间的常见活动，学生能够分析春节的重要意义。

教学难点：通过分析编者选材角度及组织方式，探索春节的重要意义

（二）教学活动设计

教学活动服务于教学目标的达成。因此，为达成教学目标，解决教学重难点，本节课设计了如下教学活动。

1. 教学目标1

头脑风暴春节活动、看视频、说春节活动。

2. 教学目标2

① 阅读导语，了解文章主旨大意及出处。

② 浏览文中三幅图片，通过图片获取人物信息，了解人物身份。

③ 教师指导阅读第一个语篇，引导学生找出Tom在春节期间的活动（what）、活动背后的原因（why）以及他的感受（how），并在此基础上通过小组讨论的方式分析春节对Tom的意义。

④ 学生自主阅读第二、三语篇，根据教师指导的方法进行应用实践，分别在文中勾画出徐刚和李燕的春节活动（what），讨论活动背后的原因（why）和感受（how）。

⑤ 教师通过问题链的方式，引导学生以小组合作的方式分析徐刚和李燕的春节活动背后的原因及感受，分析春节对他们的特殊意义。

3. 教学目标3

① 关注徐刚和李燕的人物身份，了解作者的选材意图，体会春节对国人的重要意义——家人团聚，从而深入理解家文化在中华传统文化中的重要意义。

② 关注Tom的人物身份，关注语篇语言（时态语态），了解作者的选材意图，深入理解春节的意义还体现在对家文化的世代传承。

③ 教师设置真实场景，虎年即将到来，引导学生讨论、分享自己会如何度

过虎年春节。

三、评与教/学的一致性

根据课标，促进英语学习和改善英语教学是教学评价主要目的的重要组成部分。评价的结果应能全面反映学生英语学科核心素养发展的状况和达到的水平，发挥激励的作用和促学的功能，同时能够对英语教学形成积极正面的反拨作用，使教师获得英语教学的反馈信息，从而对自己的教学行为进行反思和调整，不断提高教育教学水平。

（一）评价引导教与学

评价具有方向性，指向教学目标的达成。为实现教学目标，教师需根据学生的回答给予学生反馈，引导学生达成教学目标。

结合Spring Festival课例，为指导教师教学，促进学生学习，主要有以下评价活动。

【教学片段1】在引入部分，教师先指导学生说出他们的春节活动，接着教师播放视频，学生观看视频，并说出视频中的春节活动。

教师：What activities do you do during Spring Festival？（你在春节期间会做什么活动？）

学生（自由发言）：Put up paper cuttings, get together with family, get lucky money, visit relatives, have a big dinner with family members...（贴剪纸、与家人团聚、收压岁钱、探亲、与家人共进大餐……）

（教师根据学生回答补充板书部分内容）

教师：Great! You have mentioned a lot of activities! But are they all? Now, I'd like to show you a video, please watch it carefully and tell me what activities you see in it.（真棒！你们提到了很多活动！但这些是全部吗？现在我想给大家看一个视频，请仔细观看，告诉我你看到了什么活动。）

（播放视频）

学生：Get lucky money, clean the house, make dumplings, put up Fu, have a big dinner, let off fireworks.（得到压岁钱、打扫房子、包饺子、贴福、吃大餐、放烟花。）

教师根据学生的回答及时补充并板书：clean the house from top to bottom, put up decorations, have family reunion dinner, let off fireworks and crackers.（从上到下打扫房子、贴装饰品、吃家庭团圆饭、放烟花爆竹。）

在上述过程中，教师根据学生描述的春节活动了解学生已知，从而在播放视频过程中着重关注学生未提及的春节活动，以此起到引导"教"的作用。同时，在看完视频后的学生回答阶段，关注学生的语言表达，并进行及时的补充、提炼和强调，例如，clean the house→clean the house from top to bottom, have a big dinner→have family reunion dinner, put up paper cuttings→put up decorations, let off fireworks→let off fireworks and crackers,（打扫房子→从上到下打扫房子，吃大餐→吃家庭团圆饭，贴剪纸→贴装饰品，放烟花→放烟花爆竹）与此同时，将重要内容进行板书并加以强调。在这个过程中，学生可以根据教师的反馈对该语言表达进行补充和修正，以丰富自己相关话题的语言储备，从而起到引导"学"的作用。

【教学片段2】在读导语时，学生需要找出文章出处及主要内容。

教师：Please read the lead and find out where this passage comes from.（请阅读导语，找出这篇文章的出处。）

学生1：It comes from a magazine.（它来自一本杂志。）

教师：Oh, yes! How do you know that?（哦，是的！你怎么知道？）

学生2：According to the sentence "Here are three readers" accounts to our magazine.（根据"这里有三位读者对我们杂志的描述"这句话。）

教师：That's right.Any other information?（没错。还有其他信息吗？）

学生1：...（……）

学生2：The editor!（编辑！）

教师：Do you agree with him?（你们同意他的观点吗？）

学生1：Yes. The editor.（是的，编辑。）

教师：Exactly. One more question, what does the passage talk about?（正确。还有一个问题，这篇文章讲了什么？）

学生3：People may understand it differently.（人们对春节可能会有不同的理解。）

教师：Do you all agree with her？（你们都同意她的观点吗？）

学生4：No，I don't. I think it should be the last sentence of the paragraph. It mainly talks about their experience and views about it.（不，我没有。我认为这应该是该段的最后一句话。主要谈论了他们的经验和观点。）

教师：Why？（为什么呢？）

学生4：It says "Here are three readers' accounts..." who shares their experience and views about it，which means that's the content of the accounts.（文中说："这里有三个读者的描述……，"他们分享了他们关于春节的经验和观点，这意味着这是描述的内容。）

教师：What do you think of his reason？（你怎么看他的理由？）

学生3：I think he is right.（我认为他是对的。）

在上述过程中，教学目的是让学生掌握分析文章出处（体裁）的方法，即找关键词和了解文章主旨大意。教师通过学生回答，了解学生对文本的理解，再进行追问及评价。而学生通过教师的追问及评价，从而关注重点信息，达成教学目标，该过程体现了评对学生"学"的引导。

（二）评价激励学生学习

评价能够让学生了解自己的学习情况，通过不同评价方式（自评、互评、教师评价等）激发各个层次学生学习和思考的动力，从而激励学生的"学"。

【教学片段3】在引导学生根据教师指导的方法以小组合作的形式分析春节对徐刚和李燕的特殊意义时，教师在巡视过程中关注小组内的讨论和同伴互评，并适当进行评价。

学生1：I think for Xu，going back home is quite difficult because he has to prepare for it for several weeks.（我认为对于徐来说，回家是相当困难的，因为他必须为此准备几个星期。）

学生2：I don't think that means difficult. Instead，I think it shows he really wants to go back home. And for Li，they also prepared weeks before Spring Festival，which shows they think it is important.（我认为这并不意味着困难。相反，我认为这表明他真的很想回家。对于李来说，他们也在春节前准备了几周，这表明他们认为这很重要。）

教师：Do you agree with her?（你们同意她的观点吗？）

学生1：Yes.（是的。）

教师：So，why did they prepare for it weeks before Spring Festival?（那么，他们为什么要在春节前几周就准备呢？）

学生1：Because Spring Festival is the most important traditional Chinese festival.（因为春节是中国最重要的传统节日。）

教师：Great! And what's the difference between them?（真棒！那么它们之间有什么区别呢？）

学生1：Xu prepares for going home while Li makes preparations for welcoming children's homecoming.（徐是准备回家，而李是准备迎接孩子回家。）

教师：What's the feeling behind them? You can continue your discussion.（他们的感受是什么？你们可以继续讨论。）

在讨论过程中，学生通过陈述各自的观点，评价其他同学的观点，通过互评的方式，不断地碰撞出新的理解，同时，教师对学生的正向评价，也能够激发学生进一步思考和学习的动力，从而激励学生学习。

（三）评价检测教学目标达成

同时，"教学评一致性"理念是一种以目标为导向的教学理念，教学评价以教学目标为依据，紧紧围绕教学目标展开，具有很强的针对性。结合教学目标制定的ABCD法，目标的达成是可检测的，这也更加有效地指导了师生对于自身教与学的评价。

结合Spring Festival课例，为评价教学目标的达成，主要组织了以下评价活动。

【教学片段4】为评价教学目标2的达成，在Tom语篇，教师引导学生找出Tom在春节期间的活动（what）、活动背后的原因（why）以及他的感受（how），并根据这三个方面以小组讨论的方式分析春节对Tom的意义。通过引导学生回顾"How did we get the meaning to Tom?"检测学生对探索过程的掌握，并在黑板上板书探索过程。

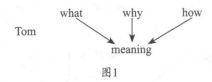

图1

接着学生根据教师指导的方法进行应用实践，学生自主阅读徐刚和李燕的描述，在文中分别勾画出徐刚和李燕的春节活动，讨论活动背后的原因和感受。

在该环节，教师主要通过问答的方式，根据学生的回答来检测学生的理解，从而评价教学目标2的达成。

【教学片段5】为评价教学目标3的达成，在分析了徐刚和李燕春节活动背后的原因及情感后，教师通过问题链的方式引导学生关注人物身份。

Who do Xu and Li represent？（徐和李代表谁？）

Why did the editor choose them to talk about Spring Festival？（小编为什么选择他们来谈春节？）

徐刚是一个在上海打工的山西人，李燕是一个退休在家的黑龙江老人，让学生理解他们分别所代表的人群——在外打工的游子和留守在家的空巢老人，并结合语篇的最后一段，找关键信息"spirit of family"，体会春节对国人的重要意义——家人的团聚，从而深入理解家文化在中华传统文化中的重要意义。

接着引导学生关注Tom的身份，通过关注三个语篇的时态语态。学生发现，Tom的描述中全是过去时，且对春节活动的描写都是被动语态，体现出春节对Tom而言只是一次经历，代表着过去。他是从旁观者的角度来描写春节的。而徐刚和李燕则多用一般现在时和主动语态，他们从参与者的角度来描写春节。对他们而言，春节是年年岁岁的相互奔赴，这不仅发生在过去和现在，还会发生在将来，由此进一步推出，他们不光是春节的参与者，还是家文化的传承者。从而理解春节的意义还体现在对家文化的世代传承。最后，仍从最后一段找出关键词以印证理解是否正确，关键词包括"keep"和"practice"。

在该环节，教师通过问题链的方式引导学生分析编者的选材角度，进而引导理解春节作为中国传统节日的重要意义，最后通过回归文本找关键信息的方式来检测学生的理解。

【教学片段6】为评价教学目标1与教学目标3中对春节意义的理解的达成，

教师创设真实情景，"The year of Tiger is approaching." （虎年即将来临。）引导学生4人小组讨论"How will you celebrate the coming Spring Festival after learning this passage and why?"（在学习了这篇文章之后，你将如何庆祝即将到来的春节，为什么？）

学生1：I'll spend more time with my family because we are too busy to be with each other and listen to each other in weekdays. （我会花更多的时间和家人在一起，因为我们太忙了，无法在工作日互相陪伴和倾听对方。）

学生2：I'll buy some gifts for my parents and grandparents and help them clean the house from top to bottom. （我会给我的父母和祖父母买一些礼物，帮助他们从上到下打扫房子。）

……

【教学片段7】为评价学生对于春节意义以及家文化的深入理解，在引入环节，对春节活动进行描述后，教师询问学生春节对他们的意义。

教师：What does Spring Festival mean to you? （春节对你来说意味着什么？）

学生1：Spring Festival means the winter vacation is coming. （春节意味着寒假即将来临。）

学生2：It means getting lucky money so that I can buy what I want. （这意味着获得压岁钱，这样我就可以买到我想要的东西。）

在本节课的最后，教师再次邀请那两位同学分享春节对他们的意义。

教师：After learning this passage, what does Spring Festival mean to you now? （学习了这篇文章后，现在春节对你来说意味着什么？）

学生1：It means the spirit of family. It is a good time to be with my family. And I think as teenagers we should take the responsibility to pass the tradition from generation to generation. （它意味着家庭精神。这是与家人在一起的好时机。我认为作为青少年，我们应该承担责任，将传统代代相传。）

学生2：It is a tradition, not just for getting money, but for reunion. （这是一种传统，不仅仅是为了得到钱，而是为了团聚。）

以上两个片段，都以学生的回答来评价教学目标的达成，但问题并无标准答案。教学片段6可以通过学生对目标语言（春节活动）的使用，以及这样庆祝的原因，评价教学目标的达成。教学片段7则可以通过前后回答对比中的差异，评价教学目标的达成。

【教学片段8】课堂最后进行作业布置。如果你是编者，你还会采访谁？请采访他，并整合他的回答，向全班口头介绍他的描述。

该作业用于检测学生对于分析方法what、why、how的理解，同时检测学生对于目标语言的掌握。

四、结语

"教学评一致性"理念的提出，将对评价的关注点从终结性评价转向形成性评价，并且更加聚焦于课堂，对课堂提出了更高的要求，也对教师提出了更高的要求。结合"教学评一致"性理念的特点，以目标为导向进行教学设计，可以更好保证教学设计的针对性、合理性和连贯性，从而实现有效的教学。但要具体落实到每一节课中，则需要教师通过对教学内容和学生情况的深入分析，制定科学、合理、可检测的教学目标，并以教学目标为依据，设计教学活动，实现教与学的一致性。同时，同样以教学目标为依据，设计评价活动，确保评价与教/学的一致，从而达到以评促教、以评促学的目的。

参考文献

[1] 中华人民共和国教育部.普通高中英语课程标准（2017年版2020年修订版）[S].北京：人民教育出版社，2020.

[2] 王蔷，李亮.推动核心素养背景下英语课堂教—学—评一体化：意义、理论与方法 [J].课程·教材·教法，2019（5）：114-120.

[3] 郭晓悦.指向教学评一体化的高中英语阅读教学研究 [J].海外英语，2021（3）：92-93.

[4] 王蔷，钱小芳，周敏.英语教学中语篇研读的意义与方法 [J].外语教育研究前沿，2019（2）：40-47，92.

[5] 罗军，张光明.培养学生辩证性思维品质的读写教学实践：以译林版《英语》Module 1 Unit 2 Growing Pains Task板块教学为例 [J].中小学外语教学（中学），2019（7）：60-64，封3.

［6］黄宝权. 中小学课堂教学评价的内在缺陷及其应对［J］. 教学与管理（中学版），2020（4）：72–75.

［7］梅德明，王蔷. 普通高中英语课程标准（2017年版2020年修订）解读［M］. 北京：高等教育出版社，2020.

［8］教育部基础教育课程教材专家工作委员会. 义务教育英语课程标准（2011年版）解读［M］. 北京：北京师范大学出版社，2011.

基于主题意义探究的高中英语语篇
分析教学实践

——以外研版《英语》必修一Unit 5 Developing ideas 教学为例

根据《普通高中英语课程标准（2017年版2020年修订）》（以下简称《新课标》），学生对主题意义的探究应是学生学习语言的最重要内容，直接影响学生语篇理解的程度、思维发展的水平和语言学习的成效。主题语境不仅规约着语言知识和文化知识的学习范围，还为语言学习提供意义语境，并有机渗透情感、态度和价值观。《新课标》还指出，语篇赋予语言学习以主题、情景和内容，并以其特有的内在逻辑结构、文体特征和语言形式，组织和呈现信息，服务于主题意义的表达。可见，对语篇主题意义的探究要以语篇分析为基础。

一、基于主题意义探究的语篇分析的内涵及思路

（一）基于主题意义探究的语篇分析的内涵

语篇是表达意义的语言单位，是人们运用语言的常见形式。不同类型的语篇通过其特定结构、文本特征和表达方式，承载语言知识和文化知识，传递文化内涵、价值取向和思维方式。而主题意义是在特定的主题语境下所传递的思想和文化内涵、情感、态度和价值观。程晓堂指出，语篇分析是指对文本进行的以把握文本的主题、内容以及文本所涵盖的语言现象、文化知识等的解读。

《新课标》进一步说明，研读语篇就是对语篇的主题、内容、文体结构、语言特点、作者观点等进行深入的解读。因此，基于主题意义探究的语篇分析是指为探究在特定主题语境下语篇所传递的思想、文化、情感态度及价值观，而对特定语篇的结构、文本特征、表达方式和作者观点进行深入分析。

（二）基于主题意义探究的语篇分析的思路

《新课标》提到，突出以主题为引领、以语篇为依托、以活动为途径的整合性教学方式。由于现行教材多以单元为单位，而单元是承载主题意义的基本单位。单元内含多篇基于主题所选的不同类型的语篇，如记叙文、议论文、说明文、应用文，以及包括口头、书面等多模态形式的语篇。这些语篇依据一定的内在逻辑进行编排。因此，教师首先应分析该语篇在单元所处的地位和该语篇与同单元其他语篇间的逻辑关系，从而确定在该单元主题语境下，该语篇所应承担的主题意义、探究的内容及深入程度等。其次以主题为引领，从what、why、how三个维度对语篇进行分析，进一步厘清语篇的主题和内容，写作意图、情感态度或价值取向，文体特征、内容结构和语言特点。在此基础上，还可以进一步关注语篇的选材出处和发表时间，分析说话人的立场、观点和写作或表述风格等。再次，根据该语篇所承担的主题意义，探究内容及深入程度、语篇分析结果，选取语篇分析中与该主题相关的内容，聚焦主题意义探究，结合学生情况，合理制定教学目标。最后，根据教学目标，设计教学活动，引导学生通过有效教学活动分析语篇，从而实现对主题意义的探究。

二、基于主题意义探究的语篇分析教学实践

程晓堂指出，"基于主题意义探究的课堂就是围绕一定的主题，设计课堂教学的目标、内容与活动"。本文以外研版《英语》必修一Unit 5 Developing ideas的阅读教学为例，具体说明基于主题意义探究的高中英语语篇分析教学实践。

（一）分析单元语篇逻辑关系，确定语篇地位

《新课标》强调，教师要认真分析单元教学内容，梳理并概括与主题相关的语言知识、文化知识、语言技能和学习策略，避免脱离主题意义或碎片化的呈现方式。由此，对本单元主题及本语篇在单元内的地位进行分析。

本单元主题语境是"人与自然",涉及的主题语境内容是"人与动物的关系"。单元主要围绕以下核心问题展开：①人类如何与动物相处？②人类给动物造成了哪些影响？③人类与动物的关系是什么？④人类如何更好地保护动物并与动物和谐相处？Starting out介绍英国人饲养宠物的情况,旨在引导学生初步感知人与动物和谐共处的关系,思考"How do humans get along with animals？"（人类是如何与动物相处的？）Understanding ideas和Using language两个部分,通过展现黑麦金斑蝶的迁徙和对于野生动物是否应该圈养在动物园的辩论,引导学生思考"How do humans influence animals？"（人类是如何影响动物的？）从而提出只有了解动物才能更好地保护动物的观点。Developing ideas记叙了一次惊心动魄且奇妙的拍摄经历,通过作者在经历前后对人与动物关系理解的变化,引导学生探究"What's the relationship between humans and animals？"（人与动物的关系是什么？）深化学生对于人与动物关系的理解,表达了人类必须尊重动物的理念。Presenting ideas和Project部分,学生结合自身所学所知,介绍表现人与动物关系的电影或故事,并制作濒危动物的海报,通过思考"How can human beings better protect and live in harmony with animals？"（人类如何才能更好地保护动物,与动物和谐相处？）将本单元所学内容整合、内化。本语篇是本单元Developing ideas的阅读语篇"An Encounter with Nature"。本板块定位于学生能够在之前的学习基础上了解作者与熊邂逅的经历及其感受,分析作者在经历前后对人与动物关系理解的变化,探究两种关系的区别,并进一步结合自身经历思考人与动物的关系。

（二）研读语篇,提炼与主题相关信息

《新课标》指出,深入研读语篇,对教师做好教学设计具有重要意义,是教师落实英语学科核心素养目标、创设合理学习活动的重要前提。教师在研读语篇时,需要分析文章说的是什么（what）、作者这样写的原因是什么（why）以及作者采取了怎样的写作方式（how）。

该语篇所探究的主题意义是人与动物的关系,笔者围绕该主题意义,从三个方面研读并提炼出以下内容：

What：文章从一名野外自然摄影师的视角出发,以第一人称进行叙述。介绍了摄影师的职业特点、黄石公园及公园里最出名的动物棕熊的特点；摄影师在黄石公园摄影时偶遇棕熊的惊心动魄且奇妙的经历；本次经历对摄影师观点的影响，即人类应当尊重动物，因为人类才是动物世界的拜访者。

Why：本文延续本单元"人与自然"主题语境下"人与动物的关系"这一具体主题语境，旨在通过这惊心动魄且奇妙的邂逅经历，以及摄影师在经历前后对人与自然关系理解的变化，引导读者进一步根据自身经历思考人与动物之间的关系，从而突出人类应该尊重动物的主旨，进一步深化学生对人与动物关系的理解。

How：结构特征：本文是一篇记叙文，文章可以分为三个部分。第一部分为第一、二段，简要介绍了摄影师的职业、黄石国家公园及棕熊的信息。第二部分为第三段，叙述了与棕熊邂逅的惊心动魄且奇妙的经历。第三部分为第四段，总结经历带来的影响，升华主题。语言特征：本文语言准确，生动形象，极具吸引力和感染力。通过具体准确的数字，如30years、up to 300 kilograms、around 64 kilometers per hour（30年、高达300公斤，时速64千米左右）展示了黄石公园棕熊的形象；通过turned...and froze、started shaking、forced、recovered等动词及only、still、suddenly、slowly（转……然后僵住了、开始颤抖、强迫、恢复了等动词及仅仅、仍然、突然、慢慢地）等副词生动地描写了摄影师遇到熊时的恐惧。同时，通过对景色生动的描写an eagle flew over the snow-capped mountain（一只老鹰飞过白雪皑皑的山峰），对熊行为的描写the bear turned and ran back into the forest（熊转身跑回森林），以及摄影师在邂逅时反应的描写I forced my finger to press the button，（我强迫手指按下按钮），亦生动形象地展现了此次经历的奇妙。文中有少量生词，如encounter、brave the elements、breathtaking（邂逅、勇敢面对、令人叹为观止），但都能通过词典或上下文语境猜测词义的方法理解，对文章整体理解影响较小。

（三）结合学情，制定教学目标

针对本节课教学内容，对学生情况分析如下。

在语言能力方面，学生具备一定词汇量及语法知识（定从、强调句等），能够读懂文章大意；大部分同学敢于用英语表达自己的观点。但学生在语境中理解具体词语的功能和词义的能力较弱，且语言表达的生动性较差。

在文化意识方面，基于已有知识和本单元前面所做铺垫，学生对人与动物的关系有一定程度的思考。但学生对人与动物的关系的认识相对比较浅显，缺乏对关系内核的探索。

在思维品质方面，学生具备一定的概括信息和分析原因能力。但在深入理解文本的同时联系自身实际，实现知识与思维能力迁移的方面还有待提升。

在学习策略方面，学生能够利用篇章标题、图片和词云等预测和理解篇章主要内容，通过快速浏览理解篇章大意，通过扫读获取具体信息。借助词典理解语篇中关键词的意义和功能、在语境中猜测词意的意识较为薄弱。

基于对语篇的分析和对学生情况的分析，教学目标制定如下。

通过本堂课的学习，学生能够达到如下目标。

（1）通过阅读标题、图片及词句，并结合文体特点预测故事情节。

（2）通过分析邂逅经历的惊心动魄及奇妙，阐释该经历对作者对人与动物关系理解的影响。

（3）结合文本和个人经历，比较两种关系（观察者和拜访者）的区别、解释造成区别的原因，并结合自身经历谈论对人与动物关系的更进一步的理解。

（四）设计教学活动，引导学生探究主题意义

《新课标》指出，英语学习活动的设计应以促进学生英语学科核心素养的发展为目标，围绕主题语境，基于口头和书面等多模态形式的语篇，通过学习理解、应用实践、迁移创新等层层递进的语言、思维、文化相融合的活动，引导学生加深对主题意义的理解。基于对语篇的研读和对学生情况的分析，结合"An Encounter with Nature"课例，为完成引导学生基于主题意义探究的语篇分析，主要设计了以下教学活动。

Step 1 引入主题，激活图示

教师从本单元所学入手，展示单元内的图片，引导学生初步思考人与动物的关系，并展示语篇标题及词句，引导学生初步预测语篇内容。

Q1：What's the relationship between humans and animals in your opinion? （问题1：在你看来，人与动物的关系是什么？）

Q2：Based on the pictures and the word cloud, can you guess the meaning of the word "encounter"？ （问题2：根据图片和单词云，你能猜出"encounter"这个词的含义吗？）

Q3：Based on the title，the pictures and the word cloud，can you predict what might happen in the story? （问题3：根据标题、图片和单词云，你能预测故事中会发生什么吗？）

设计意图：利用多模态形式的语篇，包括图片、标题、词云等，创设语境，导入主题人与动物；激活学生认知图示，激发学生阅读兴趣；处理生词，渗透学习策略。

Step 2 结合文本，探究主题意义

（1）教师引导学生阅读文本，概括人物（摄影师和熊）特点和感受的基本信息，并以小组讨论的形式分析摄影师感受及其经历前后对人与动物关系的理解。

Q1：Who had an encounter with whom? （问题1：谁和谁有过相遇？）

Q2：What do you think of the photographer's job and the bears in Yellowstone? （问题2：你如何看待摄影师的工作和黄石公园的熊？）

Q3：How did the photographer feel about the encounter? （问题3：摄影师对这次邂逅有何感受？）

设计意图：语篇是主题意义的载体，对主题意义的探究一定是基于对语篇大意及基本信息获取的基础上的。该步骤通过引导学生把握文章大意，梳理基本信息，为接下来学生分析语篇，进一步探究主题意义做好铺垫。

（2）教师组织学生小组讨论，引导学生通过分析语篇中对相遇经历的文字描述，分析摄影师产生感受的原因。并通过对比作者经历前后对人与动物关系的描写，分析经历前后摄影师对人与动物关系的理解。

Q1：How did the photographer express his fright? （问题1：摄影师是如何表达他的恐惧的？）

Q2：Why was it the most magical experience? （问题2：为什么这是最神奇的体验？）

Q3：How did the photographer understand the relationship between humans and animals after the encounter? （问题3：在此次邂逅后，摄影师是如何理解人与动物之间的关系的？）

Q4：How did the photographer understand the relationship between humans and animals before the encounter? （问题4：在此次邂逅前，摄影师是如何理解人与动物之间的关系的？）

设计意图：引导学生通过read lines和read between lines深入分析作者感受，在此基础上分析作者在经历前后对人与动物关系的理解，从而理解该经历对作者对人与动物之间关系认识的影响，进而推动对主题意义的深入探究。

（3）教师引导学生基于经历前后摄影师对于人与动物关系理解的变化，组织学生同桌讨论两种关系的不同，并找出造成关系理解变化的原因。

Q1：What's the difference between an observer and a visitor? （问题1：观察者和参观者有什么区别？）

Q2：What caused the difference? （问题2：是什么导致了差异？）

设计意图：引导学生比较两种关系的不同和产生变化的原因，揭示该语篇作者的写作意图和观点态度，从而实现该语篇主题意义的探究，即作者对人与动物之间的关系从最开始的观察者变为拜访者，体现出了作者在经历了这次惊心动魄且奇妙的邂逅后，对人与动物关系的进一步理解，也体现出了其对动物、对自然的敬畏。

Step 3 联系实际，拓展主题意义

主题意义探究的阅读教学是基于高中生语言学习经验、认知水平以及生活体验等因素，引导学生阅读一定主题的语篇，通过互动及分享等活动，增强学生的情感体验，提升学生的语言学习能力、批判性和创造性思维能力以及交际能力。

教师引导学生联系自身生活实际，简要讲述学生自己和动物邂逅的经历，并分享该经历是如何影响自己对人与动物关系的认识的。

Q1：Can you share us a story that took place between you and animals? （问题1：你能分享一个发生在你和动物之间的故事吗？）

Q2：And how does the encounter change your understanding? （问题2：此次邂逅是如何改变你的理解的？）

设计意图：引导学生根据摄影师的经历联系个人经历，从而谈论自己的经历和感受，实现知识与思维能力的迁移，以及对主题意义的拓展。

三、结语

语篇分析包含对语篇主题、内容、文体结构、语言特点和作者观点等方面的分析，但若脱离主题意义，则会使内容多且杂。而基于主题意义探究的语篇分析，打破了原有的碎片化的学习，将多且杂的内容视为整体，加以聚焦，紧紧围绕主题意义，为探究主题意义服务。这不仅使教学有了主线，也能够更好地落实对学生核心素养的培养。

参考文献

[1] 中华人民共和国教育部.普通高中英语课程标准（2017年版2020年修订版）[S].北京：人民教育出版社，2020.

[2] 程晓堂.基于主题意义探究的英语教学理念与实践[J].中小学外语教学（中学），2018（10）：1–7.

[3] 张琳琳.基于主题意义探究的英语阅读教学设计[J].中小学外语教学（中学），2019（8）：37–42.

[4] 王蔷，钱小芳，周敏.英语教学中语篇研读的意义与方法[J].外语教育研究前沿，2019（2）：40–47，92.

[5] 关媛.基于文本解读的英语学科核心素养培养[J].中小学外语教学（中学），2017（2）：20–23.

[6] 辛强.基于主题意义探究的英语教学实践：以一篇科技说明文的教学设计为例[J].中小学外语教学（中学），2019（5）：26–31.

[7] 苏克银.高中英语主题阅读教学：探索与思考[J].中小学英语教学与研究，2019（1）：26–33.